父母的觉醒：陪孩子走出抑郁症

渡过——编著

江苏凤凰科学技术出版社·南京

图书在版编目（CIP）数据

父母的觉醒 ： 陪孩子走出抑郁症 / 渡过编著.
南京 ： 江苏凤凰科学技术出版社， 2025. 5. -- ISBN
978-7-5713-4865-6

Ⅰ. G78; R749.4

中国国家版本馆CIP数据核字第20254BM748号

父母的觉醒：陪孩子走出抑郁症

编　　著	渡　过
责任编辑	刘玉锋　赵　呈
责任设计	徐　慧
责任校对	罗章莉
责任监制	刘　钧
出版发行	江苏凤凰科学技术出版社
出版社地址	南京市湖南路1号A楼，邮编：210009
出版社网址	http://www.pspress.com
照　　排	江苏凤凰制版有限公司
印　　刷	南京紫隆印务有限公司
开　　本	880 mm × 1 230 mm　1/32
印　　张	9.25
插　　页	1
字　　数	180 000
版　　次	2025 年 5 月第 1 版
印　　次	2025 年 5 月第 1 次印刷
标准书号	ISBN 978-7-5713-4865-6
定　　价	59.80元

编 委 会

总策划 李香枝

编　著 渡　过

编　者（排名不分先后）

张晓　一白　恬静　知会　闹闹　祈祷　飞儿

雨霁　糖姐　麒麟　小寒　阿莲　顺子　黄鑫

忘忧草　笨笨妈　二月花　张瑞宽　路过人间

芳草依依　天天开心　秋水可可　次第花开

燃烧的雪　梦想彩虹　野蛮生长永不彷徨

颖　滟

关注渡过父母学堂，
获得更多专业支持。

序 一

渡过的力量——在陪伴中觉醒，在困境中成长

近年来，抑郁症像一场无声风暴，悄然侵袭着许多正值青春期的孩子们。家庭是青少年最重要的成长环境，孩子的问题往往是家庭问题的一面镜子。而家庭既是困境的承载者，又是资源与力量之所在。家长的改变是孩子康复中重要的一环。

面对孩子抑郁，家长往往会陷入“无知、无助、无力、无奈、无望”中，很多家长在长期陪伴中，自己也陷入了抑郁。渡过作为国内深具影响力的青少年抑郁支持平台，一直把支持家长作为最重要的工作之一，并建立了近 10 万人的家长互助社群。每天，家长都会在群里讨论自己遇到的问题、分享自己陪伴孩子的经验……天南海北遇到同样困境的家庭，在这里成了温暖的一家人。在这里，我们看到了无数家长的觉醒、勇气与成长，也见证了无数家庭走出黑夜，迎来黎明。

这本书，就源于这些真实的故事。我们从中挑选了 29 个陪伴故事汇编而成。全书分为五个部分，也契合家长陪伴孩子的过程中经历的几个阶段。

第一章 面对与觉醒。当孩子被诊断为抑郁症时，许多家长的第一反应是震惊、否认甚至愤怒。而觉醒意味着放下对疾病的偏

见，正视问题的存在，并积极寻求解决方案。这是帮助孩子康复的第一步。

第二章 接纳与陪伴。品学兼优的孩子突然不上学了，乖巧懂事的孩子突然变得暴躁而任性……放下原来的期待，对于很多家长来说是个艰难的过程。书中可以看到家长如何接纳孩子，透过孩子的情绪看到他们真正的需求，从而为孩子提供安全的避风港。

第三章 转折与突破。康复是一个漫长的过程，许多家长都经历过从深陷绝望到找到希望。我们可以跟随着书中主人公的分享，一起感受其中的喜怒哀乐。而那些关键的转折点，往往也给人以启发。

第四章 自我关怀与成长。在陪伴孩子过程中，许多家长会忽视自己的需求。然而，正如书中所说的，父母的自我关怀，是孩子康复的重要保障。只有当我们照顾好自己时，才能更好地照顾孩子。

第五章 希望与疗愈。危机往往和机遇并存。如果正视它，它常常会是一份礼物。陪伴孩子抑郁康复的过程，通常伴随着家庭系统的改善、孩子的成长，以及家庭成员对生命意义的重新思考。

在这本书之外，这样的故事每天都在发生着。我们希望通过记录和分享这些故事，让更多陷入抑郁困境的家庭找到力量与希望。我们也相信，这些经历是无比珍贵的，它们共同编织成关于爱、希望、勇气以及生命意义探索的旅程。

渡过 CEO

李香枝

2025 年 2 月于北京

序 二

这段时间看香枝老师发我的书稿，让我想起了很多：

认识张进老师是在2021年，渡过平台已经在他全身心的努力下，建构了青少年心理疾病防和治疗的哲学文化基础。这样的理论认知，让渡过既理解了精神疾病的“生物–心理–社会”发生机制，又为平台上的抑郁症患者和家长群体提供了有效的方法和科学的依据。

渡过平台上聚集的人员越来越多……但这些并不是张进老师想看见的！因此，张进老师常常和我们一起讨论，就家–校–社协同从源头预防青少年抑郁的主题，大家怎样从各自的专业角度提出一些看法和建议，将青少年的精神“事故”转变成“故事”。

虽然我从事教育工作，但一般很难接触到这样的群体，更遑论这些孩子能够信任我，将他们的内心世界讲给我听。因此张进老师给了我一些渡过的一手采访音频，让我了解。记得那时是在国庆假期，每天我听两三个小时后，便须出门散会儿步来解压。那一颗颗深不见底又痛苦不堪的小心灵，让我压抑又找不到源头来解决，我告诉张进老师：我需要时间来成长。

可这一拖便是等到一年后张进老师骤然离世的消息。

而当我今天看到书稿里各位家长的文字时，我知道张进老师的影响已经开始迸发力量。他们已经意识到，对父母来说，养育孩子的过程何尝不是自我的一次重生呢？

在这本书中，我们能看到家长陪伴抑郁症孩子的心路历程，可以发现，无论孩子是什么年龄，缘何处于心灵的沼泽地，中间有多少波折，家长能走出这一阶段最普遍的做法都是接纳。记得书中有一位家长写道："'我的孩子想上学，却动力不足，好想帮他，我该怎么办？'这简单几句问话，却包含多重诉求，需要我们一一理清、接纳：（1）孩子有上学的渴望——我接纳。（2）孩子遇到了困难——我接纳。（3）我想做一个好妈妈——我接纳。（4）我却不是万能的，在这件事上我帮不了孩子，只能看着——我接纳。"

接纳对父母来说到底意味着什么呢？书中的另一位家长做了回答："我慢慢知道了，原来我给自己建了一个牢房，把自己困住了很多年，没有看到外面的世界很精彩。我想放下一切，轻松地活一次。我从来没有这样渴望过这种生活，这是我逐渐恢复的关键。"

确实，我们每个人都生活在自我认知的牢笼里，这个牢笼的大与小取决于认知的多与少。接纳的过程就是突破自我原有认知的过程，是不断理解生命的多样性与生活的各种可能性的过程。这个将自我笃定的唯一标准打破的过程不就是重生吗？

但身为父母，对孩子的职责在哪里呢？

邹峰老师在本书中的《母亲的功能》这篇文章中做了回答：因为人类集体早产，母亲的哺育成为孩子可以活下来的最重要保障，母亲的全力支持、呵护和爱是孩子生命展开的根本。

问题是，沿用这样的说法，母亲也曾是早产儿，可能也是在缺东少西的环境中长大的，她的全力支持、爱与呵护的力量从哪儿来？这种母亲负全责的文化心理，大概也是在本书中，我们看到的家长除少数父亲外，大多是母亲在觉醒重生的原因吧。

在当今这样一个科技迅猛发展、生活方式快速变化的世界，现代婚姻制度设计的父母双方共同呵护人类幼崽的法律行为更显出它的可贵：夫妻双方同为早产儿，都或多或少带有创伤的成长过程，在婚姻生活中，要彼此支持，共同哺育下一个早产儿。这样的家庭关系可能才不失衡，才能共同迎接充满不确定性的时代的到来。

写到这儿，我想试着说一下父母的职责究竟是什么。在我看来，父母的职责是让孩子“活着，并找到生命的意义”。

可能有父母说，自己都不知道生命的意义是什么，活一天算一天的，怎么教给孩子？

这恰恰是本书出版的目的——

帮助每一位父母自我觉醒。觉醒自我的生命认知，觉醒自我的关系责任，觉醒自我爱的能力，认识到情感抚慰是未来世界人类生活最可贵的本能和力量。

如果每位父母都能够这样觉醒，我们的孩子成长过程中的各种故事将会成为照亮我们和孩子、温暖我们和孩子人生的光。

北京市西城区教育科学研究院研究员

华东师范大学教师发展学院特聘教授

杨美俊

2025 年 2 月

心理、教育、医疗专家联合推荐

养育不是控制，而是觉醒。这本书用真实的故事告诉我们，父母应该无条件地接纳孩子，为孩子提供舔舐伤口的安全保障。在此基础上，陪伴孩子共同成长，让每个生命都能向阳而生。

——彭凯平　清华大学心理学教授，国际积极心理联合会及国际积极教育联盟中国理事，中国国际积极心理学大会执行主席

这本书启发我们思考家庭与心理健康的关系。书中通过真实案例，生动展现了父母在陪伴孩子走出抑郁症的过程中，如何实现自我觉醒与成长。对于未成年人来说，父母的觉醒是孩子康复的起点。渡过所做的工作点亮了许多家庭的希望，也期待这本书帮助更多的家庭与子女温暖同行。

——陈祉妍　中国科学院心理研究所教授，国民心理健康评估发展中心负责人，《心理健康蓝皮书》副主编

在孩子被抑郁症阴霾笼罩时，家长往往茫然无措。这本书是黑暗中的一盏明灯！它集结众多真实案例，从父母的视角分享了陪孩子对抗抑郁症的经历：从面对孩子患病的觉醒，到接纳陪伴、转折突破，再到自我关怀与成长，全方位呈现疗愈之路。它不仅能让家长从中汲取经验，找到与孩子相处的正确方式，也让我们看到家庭的爱与支持所蕴含的强大力量，值得每一位关心孩

子心理健康的人阅读。

——祝卓宏　中国科学院心理研究所国家公务员心理健康应用研究中心主任，中国心理卫生协会 CBT 专业委员会常务委员，ACT 方向召集人

相信这些真实的故事，能为陷入抑郁困境的家庭带来力量与希望。这些经历也是无比珍贵的，它们共同编织成一段关于爱、希望、勇气以及探索生命意义的旅程。读者也许会在书中遇见某一部分的自己。

——李香枝　本书策划人，渡过 CEO

在我看来，父母的职责是让孩子“活着，并找到生命的意义”。可能有父母说，我都不知道生命的意义是什么，活一天算一天的，怎么教给孩子？这恰恰是本书出版的目的：帮助每一位父母自我觉醒。觉醒自我的生命认知，觉醒自我的关系责任，觉醒自我爱的能力，认识到情感抚慰是未来世界人类生活最可贵的本能和力量。

——杨美俊　北京市西城区教育科学研究院研究员，华东师范大学教师发展学院特聘专家

这是一本关于家庭教育、亲子关系和父母成长的启示录，完全不同于其他的家庭教育书，值得每一位父母阅读。

——詹燕飞　国际注册高级家庭教育指导师，中学心理健康教育老师

阅读这本书，就像在体验一个孩子心理康复的三部曲：第一曲，孩子出现的问题其实有迹可循，既在意料之外又在情理之中；第二曲，面对孩子的问题，父母尤其是母亲从懵懂、悲伤再到勇敢面对，其间的心理历程，一波三折，荡人心肠，那些亲身经历的感受、收获，让我格外受用；第三曲，康复的路上，除了孩子父母、学校、医生、咨询师，像渡过这样的这类平台，都是我们可以利用的资源，让我们不那么害怕，给我们指引、力量、支持和温暖。

——谢永标　广东省人民医院心身医学科主任，广东省心理健康协会青少年心理健康促进专业委员会主任委员

家有抑郁娃，父母需警醒。觉醒决定孩子康复方向，认知决定康复速度，摒弃错误行为，不做抑郁帮凶，找到正确方法，调整心态，成为孩子走出抑郁的坚强后盾。

——喻东山　精神科专家，抑郁症科普作家

导 读

如何让孩子远离抑郁症
——前车之鉴 审视自己 防患于未然

一、抑郁症的孩子到底有多少

每当有新闻爆出或者生活中出现某个青少年因抑郁而结束了自己的生命时，人们都唏嘘不已。这些悲剧都会唤起人们对抑郁症这一隐形杀手的关注。

据中国精神卫生调查的抑郁症患病率 3.4% 估算，目前中国抑郁症患者约 5000 万。抑郁症发病群体呈年轻化趋势，约 50% 的患者为在校学生，其中 18 岁以下的抑郁症患者约占总人数的 30%，18~24 岁的抑郁症患者约占 35%。很多抑郁症成人在青少年时期已发病。

二、哪些因素容易导致孩子抑郁

可以看出，这些患者大多为在校学生，导致他们抑郁，除了家庭遗传、学业压力大、睡眠不足、青春期这些现实原因，最重要的诱发因素往往是家庭关系和人际关系。超过 60% 的学生患者在家中感受到被严苛控制、被忽视、缺乏关爱或者家中存在家庭冲突甚至家庭暴力，换句话说，孩子的抑郁和父母有很大的关系，甚至是父母直接导致的。

很多父母想知道到底哪些不合适的做法，会给孩子造成不良影响呢？让我们看看 20 种容易导致青少年心理健康问题的父母错误的行为方式：

1. 缺少陪伴，缺乏关爱
2. 经常忽视孩子的情感
3. 情绪多变，喜怒无常
4. 过分在意学习成绩
5. 冷漠虚伪
6. 不了解孩子的性格和爱好
7. 父母之间、父母与长辈经常冲突
8. 自己的焦虑和压力不自觉地传递给孩子
9. 自我矛盾，做事很纠结
10. 心理变态
11. 过于严苛，强势控制
12. 过分焦虑
13. 传播负能量
14. 过分关爱、过度保护
15. 不负责任
16. 无意识地施加压力
17. 缺乏自己的社交，注意力全在孩子上
18. 不会和青春期孩子相处
19. 很爱孩子，但表达爱的方式不被接受
20. 不善交流，亲子关系不好

如果父母经常出现 5 条以上的错误行为，那就要自我检讨和调整了。

有的父母会说，我们小时候父母比现在严厉多了，也不是好好地过来了，孩子们也不会这么容易抑郁呀。时代变了，父母不能再刻舟求剑，成年人面对生活方式变化、社会压力增大、焦

虑信息爆炸传播都经常手足无措，何况是缺少解决问题能力的孩子。

随着抑郁症青少年越来越多，不光是患者和家属，越来越多的父母，也想更深入地了解这些抑郁症青少年身上到底发生了什么，为什么会有轻生的想法，为什么会轻易地放弃宝贵的生命，他们到底遇到怎样的磨难，到底在想什么……

三、为什么会出版这本书——让更多的孩子远离抑郁症

基于以上种种原因，我们和渡过一起特别策划出版了这本书，邀请了20多位抑郁症青少年的父母现身说法，从面对到觉醒，从接纳到陪伴，从转折到突破，从关怀到成长，从希望到疗愈，把自己的真实故事写出来，深刻剖析了自己在孩子抑郁症形成与康复过程中扮演的关键角色，总结自己过往的经验和教训、走过的弯路、犯过的错误，重新审视那些让自己追悔莫及的事。

这些故事并非简单的叙述，而是对家庭教育、亲子关系以及父母自身成长的深度剖析。每一个案例都像是一面镜子，让读者从中看到自己的影子，反思自己在教育孩子过程中的得失。他们展现了自己在面对孩子抑郁症时的困惑、无助、挣扎与最终的觉醒，希望其他的父母引以为戒，防患于未然，让更多的孩子远离抑郁症。

四、书名里为什么要用“父母的觉醒”

孩子的心理问题并非一朝一夕形成，而是长期不良亲子互动的结果。很多时候，父母无意间的行为模式、过高的期望、错误的沟通，都可能成为孩子心灵上的枷锁。比如，那些过度关注成绩，对孩子的努力和进步视而不见，只在成绩不理想时严厉斥责的父母，可能会让孩子逐渐对学习产生抵触情绪，从最初的厌学，一步步陷入自我否定的深渊。又比如，父母习惯高高在上地发号施令，不尊重孩子的想法和感受，导致亲子关系疏离，孩子内心的痛苦无处诉说…… 这些都可能成为抑郁症的潜在诱因。

在陪伴孩子走出抑郁症的过程中，父母自身的情绪管理也至关重要。书中指出，父母的焦虑和恐慌会传递给孩子，加重他们的心理负担。父母要学会觉察自己的情绪，通过冥想、运动等方式缓解压力，以稳定平和的心态面对孩子。只有父母内心强大，才能成为孩子坚实的后盾，给予他们战胜病魔的力量。

这本书并非简单地指责父母，而是以温和且理性的方式引导家长反思，让我们意识到，孩子的情绪问题往往是家庭关系的一面镜子，父母首先要认识到孩子的问题与家庭环境和教育方式密切相关，因此，父母需要改变自己的教育理念和行为方式。

书名用“父母的觉醒”，是希望父母通过阅读本书，开始反思自己是否在不经意间伤害了孩子，能自我觉醒，改变自己的认知，从无条件地接纳开始，改变自己与孩子的相处模式，学会倾听，真正蹲下身来，用孩子的视角去感受世界。当孩子愿意倾诉时，不打断、不评判，让孩子在安全的氛围中释放情绪。同时，书中强调建立平等的亲子关系，父母应尊重孩子的选择和边界，不再将自己的意愿强加给孩子。这种相处模式的转变，是打开孩子心门的钥匙，能让孩子感受到被尊重、被爱，从而重建内心的安全感。

这本书对所有父母来说，都具有深刻的警示和指导意义，哪怕孩子只是出现了厌学情绪、亲子关系紧张这些看似普通的问题，阅读本书都能起到防患于未然的作用。

五、阅读本书会有怎样的感受

相信为人父母者在阅读本书的过程中，都会经历了一场心灵的洗礼，情感的共鸣，观念的革命，思想的碰撞，甚至会热泪盈眶。

它让我们深刻体会到，作为父母，我们不仅是孩子的引路人，更是他们心灵的守护者。书中的每一个故事都如同一面镜子，映照出我们在育儿过程中可能遇到的困惑与挑战，同时也为我们提供了宝贵的启示与反思。

你会为那些父母们的永不放弃而感动，他们曾经迷茫、无助，甚至绝望，但他们没有放弃，而是选择勇敢面对，与孩子一起成长，共同寻找走出困境的光明之路。

你会为那些父母的坚韧不拔而感动，为他们的孩子能够逐渐走出阴霾而欣慰。他们的故事告诉我们，爱可以创造奇迹，但爱也需要智慧和勇气。

这本书是一次对亲子关系的深度探索。它让我们意识到，真正的爱不仅仅是给予物质上的满足，更重要的是理解和尊重孩子的内心需求，给予他们足够的空间和支持。只有这样，我们才能共同创造出一个更加和谐、幸福的家庭环境。

六、美好的期许和希望

希望本书的出版，能成为一盏明灯，为那些在抑郁黑暗中摸索的父母指引前行的道路，相信只要父母愿意觉醒，改变认知，调整相处方式，用心陪伴，就一定能帮助孩子走出黑暗，重见阳光。

希望本书的出版能够让更多的父母自我改变，帮助父母在育儿路上少走弯路，让孩子在充满爱与理解的环境中茁壮成长，不断给孩子创造正向的成长环境，从而减少青少年抑郁症发生，减少悲剧的发生。

最后，《父母的觉醒：陪孩子走出抑郁症》是一本关于家庭教育、亲子关系和父母成长的启示录，是一本值得每一位父母仔细阅读的书籍。它告诉我们，作为父母，我们的责任不仅仅是提供物质上的支持，更重要的是给予孩子精神上的关爱和引导。让我们以这本书为契机，用心去读、去体会、去实践，重新审视自己的教育方式，让我们学会了如何以更加成熟和智慧的方式去爱我们的孩子，陪伴孩子共度人生的各种难关，迎接更加美好的未来。

目录

CONTENTS

第一篇 面对与觉醒

第二篇 接纳与陪伴

第四篇 自我关怀与成长

第五篇 希望与疗愈

第一篇

面对与觉醒

孩子受困时，父母会习惯于第一时间帮孩子解决问题。

这种努力，会让父母不断错过孩子此刻的事实，诱发无意义的亲子冲突。

停止努力，让自己有机会直面事实并理解事实，这是父母觉醒的开始。

——于德志

父母的觉醒
——孩子引领我成长

文 / 张晓

女儿现在读大二，已经放暑假在家。一回到家，她就开始熬夜打游戏，白天在家睡觉，饿醒了，就起床觅食。我知道她需要这样的放松，完成一个学期的课程消耗了她很大的能量。前几天破天荒地给我们煮了米饭，等我和爸爸下班回家吃饭。经历过女儿“躺平”三年的痛苦，我很满意女儿现在的状态。

高中三年，女儿到校的时间大约有四个月。高一和高二开学的一个月能坚持上学，然后逐渐迟到，再到嗜睡以致无法上学，她高三基本没去学校，状态好的时候隔三岔五地在家进行一对一补课。

女儿从 2019 年上半年初三中考前状态就不太好：早上起床困难，第一次出现早上喊不起来上学，整整睡了一天，睡醒后问她怎么了，她说不知道。9 月新高一开学一个半月后，再次出现起不来床，睡两天能撑两周的状况，只能断断续续请假。女儿在三甲医院被确诊为中度抑郁，接受西药治疗一年后，效果并不明显，还是嗜睡严重，无法正常上学。

女儿在医生的建议下从 2021 年 12 月停药，其间经历了居家补课、放弃期中考试、放弃一模、放弃二模、放弃高考、选择专业、提前招生大专、高考体检，我们尽可能让她减少干扰和压力，想吃就吃，想睡就睡。停药后，她的睡眠时长达 12~15 小时，和之前差不多，胃口变差，体重下降了 5 千克。

女儿于 2022 年 9 月开始上大专，9 月上了一个月的网课后，神奇般地调整了睡眠时间，确保上午上课时间是清醒的，并逐渐适应了大专的生活。

这些年为了孩子，也是为了自己，我自学心理学，在渡过平台做志愿者，考试成为陪伴者、陪伴群友。**在学习观察自己的生活，尝试了解和理解自己的过程中，我惊叹于自己思维的局限性，逐渐放下幻想，并在看清生活的真相是不确定的之后，依然热爱生活。**

你幸福吗

孩子出现状况后，我很焦虑，带着孩子寻医问药。2020 年的一天，朋友帮我预约了一位心理老师，孩子同意和我一起去跟老师聊聊。

在老师的工作室，孩子玩了沙盘，并和老师聊了聊。然后老师对我说："这是孩子设计的沙盘作品，这是城市的居民区，这是功能区，中间是一条小河。孩子的思路清晰，没有生病，每天坚持半小时运动就能慢慢好起来。倒是你看起来脸色不好，愁容满面，你幸福吗？"

我支支吾吾地说："还好吧！"

我被老师的问题击中了！我好像从来没有想过这个问题，这个问题让我心虚，我不知道怎么回答。我的生活被一件接一件的事情填满，好像什么都有，又好像什么都没有，我不确定自己是不是幸福。

返程的路上，我的心里七上八下，开始思考自己和女儿之间的关系、和老公之间的关系、和父母之间的关系，以及和自己的关系。我第一次对自己有了疑问：孩子的问题是我的问题吗？

我爱女儿吗？我爱自己吗

有一天我很焦虑，于是约了我的催眠师朋友给我催眠。

我一见面，就开始诉苦，对她讲了女儿的状态和自己的焦虑：女儿天天在家躺着爬不起来，我心里很是焦虑。

催眠师不慌不忙地陪我聊天，一起喝茶，然后开始催眠。

那是我第一次尝试催眠，还不太能进入状态，催眠快结束的时候，催眠师让我想象在一个大大的花园里，女儿坐在花园中心的长凳上，然后引领我慢慢地走过去拥抱女儿。

催眠师一点一点地确认我的想象："你看到女儿了吗？你走近她了吗？你拥抱她了吗？"

我觉察到自己的犹豫和抗拒，我好像很难离女儿很近。

催眠结束后，我一遍一遍感受我的犹豫和抗拒：我那么爱我的女儿，却为什么不想靠近她？

在家里，我更清晰地看到：当我走到女儿房间门口，手握门把手的时候，自己的身体开始紧绷，我不知道和她说什么。我不说话的背后，是深深的质疑和不理解——“你为什么不能去上学”。

我这才知道，我并不理解孩子，我不知道她的内心发生了什么。我对孩子只有要求，当我无法要求她的时候，我好像和女儿无话可说了。我对女儿的爱是有条件的：我爱优秀的女儿，我不爱“躺平”的女儿。

看清楚这一点，我很难过和愧疚，原来我并没有深爱我的孩子，我爱的是我幻想中的孩子，而不是眼前真实的孩子。

我扪心自问：我爱自己吗？好像我爱的也是幻想中的自己，而不是真实的自己。

在咨询师的帮助下真正看到了女儿

2021 年 12 月至 2022 年 11 月，我带孩子做了 30 次心理咨询。刚开始咨询时，我和女儿一起跟咨询师聊，我感觉到自己的烦躁，很难坚持 50 分钟，而且我说得多，女儿很少说话。我心里觉得是女儿的问题，她需要和咨询师聊聊，她需要多说话，于是就让她一个人接受咨询。再后来，我发现我和女儿对一件事情的记忆是不同的。我就和咨询师商量，让我参加女儿的咨询，咨询师征求女儿的意见后，同意了。

刚开始一周一次，半年后两周一次。咨询师耐心倾听，询问每周的情况，发生了什么特别的事情，有什么计划，等等。咨询师帮我们度过每一次心理危机和纠结，反复确认孩子的意愿：是否要住院？是否要上学？是否要休学？是否要参加期末考试？

是否要补课？能否出门旅游？能否养猫？……仔细确认孩子的状态：几点睡觉？几点起床？怎么唤醒？唤醒要多长时间？唤醒后是什么状态？……

每次咨询，咨询师都问得特别细致，我不得不仔细观察女儿。早上我喊她起床，她刚开始还能把手伸出来回应我，表示再睡 5 分钟，不过这样的 5 分钟可能会不断延续到 1 个小时。有一次我喊疲惫了，就躺在她身边，听着她均匀的呼吸声，我也睡着了。我一下子有些心疼孩子，我知道她是真睡着了，她实在是太困了，我不再质疑她的嗜睡。

在她和咨询师的聊天过程中，我逐渐了解了女儿，发现女儿思路清晰，表达坦诚，她知道自己的担心和困扰。她知道怎么养猫，真心想养猫；她喜欢动漫；她想去旅游。我们一起去长沙旅游，女儿做攻略时耐心细致。女儿在我眼睛里越来越鲜活，我爱她真实的样子。

在这一周一周的咨询里，我和孩子逐渐达到了和谐与平静：我尊重她的意愿，不去学校，不休学，居家学习，适当补课。我也和孩子讨论了心理咨询的价值和意义，用孩子的话说，是“改善了亲子关系，对你有用，对我没用”，于是在 2021 年 11 月 14 日，我们暂停了心理咨询。**的确，孩子需要的是睡眠，我需要的是安心。**

观察自己的情绪——被女儿倾听

2022 年高考季，女儿高三了，她一天没去过学校，偶尔在家补课，睡眠时间越来越长，无奈之下我和女儿商量放弃高考，自主招生上大专。随后的两年，女儿也逐渐适应了大专的生活。我真正放下了对女儿的担心，开始了自我探索之旅。

我参加了渡过非暴力沟通训练营、倾听课程，逐渐对自我倾听和自我觉察产生了兴趣。我发现我并不了解自己，很难表达情绪和感受，女儿受我的影响很大，也不太爱说话。但我的女儿是天生的倾听者，她总能听懂我在说什么，而且能共情到我。于是我开始尝试和女儿对话，剖析自己，更理解自己。我想向女儿呈现：**妈妈是个凡人，有自己的卡点，需要你的帮助，我们都不是完美的。**

我和女儿诉说了我的烦恼："我不小心看到了部门所有人的工资表，发现我排名在后面，我心里好难过，我幻想自己很努力工作，公司给我发的工资就不会少。明天我准备和老板聊聊。"

女儿说："那是挺难受的，你还有激情，你去吧！"

我说："就是，万一和老板聊聊，他给我涨工资呢。反正你也不想上班，把你那份班的钱也挣出来。"

女儿说："好呀，你努力，我去'躺平'了！"

第二天我和老板聊了聊，碰了一鼻子灰。晚上回家和闺女汇报一下。

我说："我今天和老板聊天了，你猜猜老板怎么说？"

女儿说："老板说，工作又没什么难度。"

我说："对呀，你猜对了一条。老板还说，他的工资也降了呢，咱们又不加班，看看其他部门卷的呀，都是天天晚上加班到九十点钟。我手里那些比较难的事情，可以交给新来的大学生做，教教她们，做好大姐姐。”

我女儿看着我笑。

我说：“你昨天是不是猜到了这个结果？”

女儿说：“差不多吧！你暑假的时候和我说，为响应国家号召，促进大学生就业，你们公司招了40多个大学生。人多了，总要发工资，钱又不会凭空生出来，自然老员工的工资就会下降的。”

我说：“还真是。妈原本还想着多赚点，你再玩两年，现在看来帮不了你了。”

女儿说：“看情况，我要是运气好的话，明年毕业找到合适的单位，我就上班。看这两年就业情况，即使专升本，多读两年，没准也不好就业。”

女儿看我不说话，安慰我说：“你记得我之前告诉过你吧，国企的好处是可以‘躺平’。”

我说：“你妈学不会‘躺平’呀！”

女儿说：“那会显得不合群。”

在一次次和孩子的对话中，我发现孩子比我通透现实，反倒是我在理想与现实之间很难自如地切换，自己的内心会有很多冲突。我对孩子更放心了，我对自己也有了更多的好奇。

观察自己的生活——看到我的无意识

受到一位老师理念的影响，我开始观察自己的生活，发现我的大脑有很多无意识归因的时候。有一次我去西安出差的前一天晚上，情绪特别低落，想到了很多孤独无助的场景，忍不住号嗬大哭。第二天才发觉我是因为出差要当众讲话，我感受到了压力，所以有些害怕和紧张。

回到家后和女儿分享我的“囧”事：“我出差去西安的那天晚上，嗷嗷哭，你知道为什么吗？”

女儿说：“你和我爸吵架了？”

我说：“是呀，关键是为啥吵架。我对着电脑，通过会议软件在做倾听练习的时候，感受到当众讲话的紧张，好像融入环境很困难，然后就联想到小时候被迫离开父母到了奶奶家，好像被抛弃了，要独自长大应对环境的压力。想到这里，我痛哭流涕。你爸爸就在我对面看着我哭。接着你阿姨来家里了，我的情绪还没有过去，继续在做总结发言。你阿姨和你爸爸聊天聊得热火朝天，我感觉好刺耳。睡觉前，我就控诉他知道我不高兴，还在谈笑风生，你老爸却攻击我。我就大哭了一场。你知道我真正的焦虑是什么吗？因为我去西安出差，有一个当众讲话的任务，我很紧张。你看这大脑多奇怪，为了回避真正的焦虑，很努力给我找理由，居然找到了原生家庭。”

女儿一直抿着嘴笑，和我反馈了我出发去西安后爸爸的反应：“你走了，咱家马桶堵了，我只能出门去外面上厕所。我爸爸让刘叔叔带了工具来家里帮忙，还诉苦‘马桶堵了，老婆连夜离家出走了’。”

后来我老公下班了，和我们一起吃晚饭。我“控诉”老公的“罪行”：“我有情绪了，你还聊天；我生气了，你还攻击我。”老公对此开始辩解。

女儿帮腔：“不要狡辩！女生说话，你要好好听。”

我尝试和女儿分享我的日常生活，让女儿倾听我，和我一起观察我的生活，感觉我们之间的距离更近了。

回归真实的生活

女儿生病以后，我的骄傲被打碎了，好像我极力维护的“自我形象”和价值观坍塌了。

我之前总在朋友圈晒各种积极的正能量的感悟，给自己打鸡血。同事提醒我说：“你在朋友圈里晒得那么好，你真的过得好吗？”我当时不太明白他说的是什么意思。后来和渡过群友交流比较多，更有认同感，逐渐没有兴趣发朋友圈，也失去了我的“朋友圈”。

现在想来，同事是在警醒我的“幻觉”，大脑制造了一些让我感觉好的“幻觉”，好像“我”很能干、很厉害。我为了维护“理想的自我形象”消耗了太多的能量。其实真实的我，内心有一个脆弱的孩子，恐惧、害怕，不堪一击，内在有很多冲突。我不想看见那些我试图回避的真相——我真正遇到的挑战和危机。

通过学习心理学，参加读书会，和朋友聊天，**我开始探索自己的原生家庭、亲密关系等课题，审视那些未被表达的情绪，更多地理解自己。我眼中的世界逐渐变得清晰和真实，看到了生活本来的样子既不好也不坏。**

这五年来，和孩子一起度过情绪危机，我对孩子的担心消失了，倒是看到了真实的自己，对自己更理解了。**我也坚信，如果我能过好自己的人生，孩子自然能过好她自己的。**

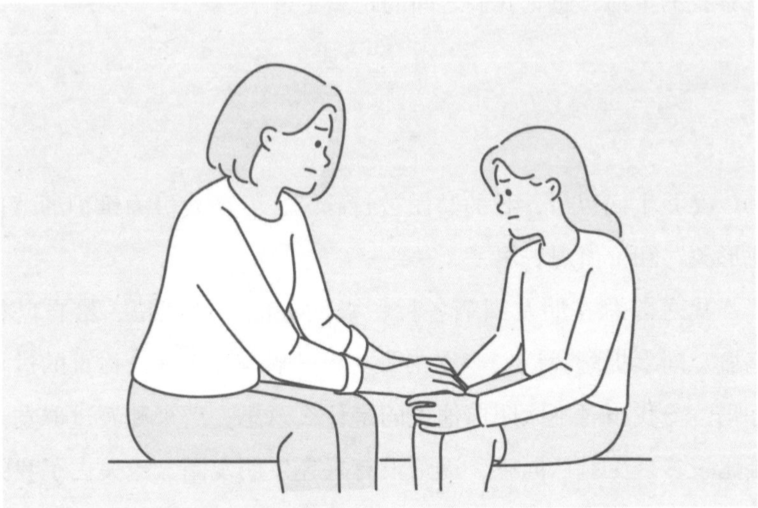

现在想来，同事是在警醒我的“幻觉”，大脑制造了一些让我感觉好的“幻觉”，好像“我”很能干、很厉害。我为了维护“理想的自我形象”消耗了太多的能量。其实真实的我，内心有一个脆弱的孩子，恐惧、害怕，不堪一击，内在有很多冲突。我不想看见那些我试图回避的真相——我真正遇到的挑战和危机。

错过孩子成长的关键期，如何亡羊补牢

文 / 一白

很多育儿书告诉我们，千万不能错过孩子成长的关键期，比如说：在婴儿期，母子要建立好情感联结，完成婴儿的自恋幻想；在 0~3 岁阶段，孩子要尽可能多地和母亲待在一起，建立起内在的安全感；到了 4~12 岁儿童期，家长该怎样做；与青春期的孩子相处，家长又该如何做；等等。书上介绍了很多方法和对策，确实有用，但有时家长们遇到问题却依然感觉无从下手，而有的家长照搬书上的做法，反倒弄巧成拙。

尴尬的是，我们很多人已经错过了书上所讲的育儿的关键期，**我们错过了婴儿时期，错过了儿童时期，直接迎来了青少年叛逆期，该怎么办？**更或者，有些家长已经迎来了 20 多岁的成年子女，他们依然在家里，既不去工作也不出门，每天只是刷手机，这真是能让中年父母“抓狂”。

于是，我们开始自责自己没在孩子很小的时候给孩子正确的养育和陪伴，导致孩子长大以后出现诸多心理问题，这也会给我们带来新的焦虑。

一

前些天，我的一位多年未见面的老朋友，在线上聊天时向我抱怨她已成年的儿子，每天无所事事，躺在床上刷手机，她做了饭也不吃，叫他出去找工作也不去，给他介绍女朋友他也不见，瘦骨嶙峋，萎靡不振。朋友很焦虑地问自己的儿子是不是抑郁了，她是不是该带儿子去精神科做检查。

我问她：“儿子几岁了？”她回答：“26 岁了呀，愁不愁人，再这么下去我都抑郁了，都怪我小时候没有把他教育好。”听得出朋友很担心、很上火，却无能为力。

我相信像我朋友这样的父母还有很多，错过了孩子成长的关键期，不知道该怎么面对问题这么多的孩子。

其实我也曾经是一位焦虑的妈妈，我基本上错过了女儿早期成长中的一切关键期。她在很小的时候就已经出现了很多的心理问题：小学六年级，开始反复地“恋爱”“失恋”；初二转学以后直接休学一个月，沉迷于手机；甚至在最痛苦的时候，有自伤行为和暴食症的症状，失眠、厌食频频发作。

回顾女儿的儿童期，她有一个情绪不能自控的妈妈，一个整天不管家的爸爸，还有个小弟弟，勉强拼凑出来的四口之家。我对女儿的成绩要求非常高，女儿几乎从来没有在其他方面得到过我的认可和表扬，只能拼命地读书学习，在这方面得到我的认可。这也使得女儿在升入高中以后，一次考不好就濒临崩溃的边缘，全盘否定自己，最后不得不再次休学一年。

其实早在女儿初二的时候，我就懵懵懂懂地意识到女儿出问题了，很可能是家庭问题导致的。为此，我报了心理咨询师培训，上网课，成功考取了当时的国家三级心理咨询师证书，却依旧无法缓解和女儿之间的尴尬关系。我和老公的矛盾也愈来愈不可调和，几乎要闹离婚了。我依然每天处在焦虑和抑郁当中，情绪常常失控，暴躁易怒。

有一次在街上，我因为一件今天已经完全不记得的小事，情绪失控，在大街上大声地呵斥小儿子，并且扇了他一个巴掌。我自己也被吓到了，同时也开始心疼孩子：女儿已经被我搞得几近崩溃，如今，小儿子也跟着受这么大的委屈，不知道会不会步他姐姐的后尘——那样，我们家真的就彻底完了！

随即，儿子的哭声，还有脸上那红红的手掌印，把我的思路拉回现实，我脑海中跳出一个念头——我为什么这么愤怒，真的是因为儿子犯的错误本身？当这个问题蹦到我的脑海中的时候，我开始恢复理智，意识到自己要进行自我探索：明明身边的人没有做错什么，为什么我的反应那么过激？

于是我开始深入探索，进入了一个全新的学习状态。

二

我开始听周梵、张德芬的心灵成长课，第一个阶段下来，收获不菲，我大致明白自己为什么会有那么多的委屈愤怒，那么多的抱怨指责。

因为有了提升，就更加渴望学习和改变。第二个阶段，我学习李玫瑾的儿童心理学、李雪的育儿书籍、武志红的心理成长课等。这个阶段，我的收获更多了，我理解了自恋幻想、界限感、习得性无助、共情、抱持等心理层面的知识和技术。

第三个阶段，我开始读心理学家的著作，包括弗洛伊德的《精神分析引论》《梦的解析》，荣格的《荣格自传》《红书》，阿德勒的《自卑与超越》，埃克哈特的《当下的力量》，以及海灵格、埃里克森、克里希那穆提、露易丝·海等人的大量著作。

为了避免自己进入局限性的某一理论的困境中，我开始拓宽读书面，开始听解读版的《道德经》《易经》《论语》《王阳明心学》等。

渐渐地，读过的这些书渗入了我的血液和骨髓里，我从刚开始逼自己读书，到现在发自内心地喜爱读书。因为接触了国学文化，我又爱上了书法，下班以后的生活，不再是盯着孩子和老公，我有那么多的事情可以去做：读书、种花、写字、听音乐，假期和朋友去聚会、唱歌……而这一切的变化仅仅发生在四年之间。

环境和人都还是以前的，并没有发生任何变化，而真正改变的是我看待事物的角度和层面。

曾经我会因为一件小事很烦躁，经常杞人忧天，看问题容易极端，总是把事情往糟糕至极的方向去想，最终这一切转化为不可抑制的怒火，这也是我易怒的根源。

我现在意识到，情绪不能强行压抑和控制，因为即使能够表面平静下来，它们也没有完全消失，只是选择更隐蔽的方式藏匿起来。

最近几年，我没有发过特别大的火，虽然也不是没有让我生气的事，但我越来越能看得开。**生气也是一种情绪，它可以来也可以走，我允许自己有各种各样的情绪来来回回地游走于我的身体中，我也能更加稳住它们，与它们和谐相处，它们可以在半天或者一天之后被我自己转化。我并没有刻意地引导自己，情绪的缓解是自然而然的。**

我也真正明白，孩子已经长大了，在婴幼儿时期，我本应给予他们的片刻不离的关心、关爱，他们现在已经不需要了，甚至可能对他们当前的成长有害。我只能通过必要时的理解、支持来弥补当初的过错。

我们能给孩子最好的礼物，也是给自己的礼物，就是不要把大部分的时间放在关注孩子的成长上，而是要回归到自己的成长中，为自己读书，为自己学习，为自己的情绪负责。

我发现，我做好这三件事之后，亲子关系自然而然地变得和谐而轻松，挽回了破碎的婚姻，现在的我夫妻关系亲密，彼此能轻松地交流，很自然地回归到一种理解、尊重与接纳的关系中。**在这个四口之家，我们各自有各自的事情要去做，我们互相关爱却互不干涉，互相理解和支持，却不控制。**融洽亲密的家庭成员关系，让我们每个人都找到了自己的最佳生活状态，我仿佛突然变成了这个世界上最幸福的人。

我感恩当下我所拥有的一切，感恩我的父母、老公和孩子，**他们犹如一面镜子，照出了我的问题，让我有了自我认知，从而发生改变。**

三

对于文中前面提到的朋友的处境，我的理解是：当发现自己错过了孩子很多的成长期时，我既不能重新养育一遍孩子，也不能每天指责和抱怨自己太愚蠢，这对我根本没有丝毫的好处。对我来说，错过了的就是错过了，**我不再纠结于错过了的东西，而是选择当下我要做的。**

总之，我感激自己，**在坠落谷底的时候选择了学习和成长，我才能有机会看见这个美好的世界。**

孩子因为我的改变而变得活泼开朗、真实自然，因为有妈妈的敞开与接纳，他们开始活出自己，敢想敢做，接纳自己的情绪，由内而外的自信渐渐显露，我还担心什么呢？他们一定会有属于他们自己的美好人生。

老公因为我的改变，变得开朗、健谈起来，爱上“宅”家和做饭，他可以放心地和朋友娱乐消遣、喝酒聊天，再也不会担心被我抱怨。他感到轻松和自由，反而越来越不爱娱乐、喝酒了，反而愿意和我一起练字、看电影，我们的生活越来越轻松愉悦。

改变很难，但是它让我重遇美好世界。

当发现自己错过了孩子很多的成长期时，我既不能重新养育一遍孩子，也不能每天指责和抱怨自己太愚蠢，这对我根本没有丝毫的好处。对我来说，错过了的就是错过了，我不再纠结于错过了的东西，而是选择当下我要做的。

儿子患病两年间，我的忏悔和改变

文 / 次第花开

2020 年 3 月 8 日，妇女节，是儿子患病整整两年的日子，又是老公的生日。

当时疫情没有结束，很多餐厅没有开业，买菜也不是太方便。我就把家里能用上的食材尽量都用上，准备得丰盛一些；快中午的时候，我又去门口的蛋糕店取了前一天订的生日蛋糕。

表面上我很平静，其实内心波澜壮阔。

一

2018 年 3 月 8 日，儿子中午放学回来，吃过午饭，说不去上学了。我很吃惊，一向品学兼优的孩子怎么会做出这种选择？我耐着性子劝他说：“咱们考多少都不要紧，你这个年龄就是上学的年龄……”儿子立刻大怒，光着脚往外跑，要往楼下跳，被我死死抱住了。我哭着说：“今天还是你爸的生日，你真给我们送了个好大的礼物……”

那一刻，我感觉天都塌了……

儿子做出这个决定，我的第一想法就是儿子中邪了。我到庙里烧香拜佛，还想让儿子到庙里听师傅诵经，儿子死活不愿意。我没有办法，只好把庙里的住持请到家里来。

当时儿子正在睡觉，只见几个人径直冲进儿子的房间按住他，在他周围念经，把净水洒在他身上。儿子把头深深地埋在枕头里，一动不动，他一定很无助、很难堪。

从此，儿子把房门从里面紧紧锁住，我们再也没有办法随意进出他的房间。

儿子提出想要个手机，我趁机跟儿子提出看病的要求。儿子同意了。在公交车上，看到那些背着书包上学的孩子，我哭得泣不成声。

当时我天真地以为，儿子会被我的哭声打动，会去上学。但事实是，儿子再也不愿意跟我出门了，后来发展成完全不出门，在屋里封闭了整整十五个月。

我找过心理咨询师，我让儿子的小学班主任给他打电话，还让儿子的好朋友到家里找他。

我清楚记得那一天，他们在敲门，我在旁边不停哭泣，乞求儿子把门打开。**儿子的房门一直紧闭着，悄无声息。每每想到那一幕，我的眼泪止不住地流下来。我太心疼儿子了，那时候的儿子该是多么恐惧和绝望啊。**

儿子和我们之间的斗争越来越激烈，连吃饭都不愿见我们。有次单位没有什么事，我就提前回家了。刚打开门，儿子正在客厅喝水，他吓得“啊”了一声，把杯子扔到了地上，跑回自己的房间，然后把门紧紧关上……

那时候，我想尽各种办法让他走出家门，让他上学，屡屡以失败而告终。我心里充满了怨气，甚至在心里用恶毒的语言咒骂他，更恨自己生了个“白眼狼”。

我的状态也越来越差。2018 年 6 月的某个上午，老公给我打电话，说儿子又在家发脾气。我彻底失控了，在电话里冲老公大叫，并把电话狠狠地摔在地上。**我的烦躁无法言语，更有一种毁天灭地的恨意。我想要把自己的胸膛抓破，把心脏抓出来捏个粉碎。**我也那样做了，我使劲地扯着自己的衣服，单位的人连忙制止我，把我送回家……

家里的人都对我说：“你想想你儿子，他离不开你。为了他，你也要撑下去。”我知道这个道理，但是我真的做不到为了谁而改变，即使那个人是我最爱的儿子。

二

生病后，我接触了很多帮助我的老师，也知道了一些新的教育理念。我才发现，我的前半生过得多么浑浑噩噩。

我用一种扭曲的心理看待周围的人，揣摩他们的恶意。我向周围的人炫耀我过得多么富足和称心如意，并且要求老公和儿子必须配合我。

我打造老公，他必须在家干家务，处处听我的，还要赚很多钱；我打造儿子，他必须喜欢弹吉他，喜欢打篮球，学习更要出类拔萃。我根本不问他们想要什么，我认为我安排的就是最好的。

我真的病得不轻。我完全忽略了老公和儿子作为独立的个体，他们有自己的精神世界；我完全没有尊重他们的独立性和差异性，他们稍微不如我意，我就大发雷霆。

作为家庭里最弱的一个，我的儿子，他首先扛不住了。儿子病倒以后，我依然考虑的是：别人怎么看我？我不允许自己精心编织的美好破裂，即使那只是个肥皂泡；我活在别人的眼光里，沉醉在那虚幻的五颜六色里。

三

要问我是怎么挺过来的？我感觉个人内心的信念最重要。

我慢慢知道了，原来我给自己建了一个牢房，把自己困住了很多年，没有看到外面的世界很精彩。我想放下一切，轻松地活一次。我从来没有这样渴望过这种生活，这是我逐渐恢复的关键。

现在，我没有了功利心。我深深感觉到，在我和儿子生病期间，老公一个人支撑这个家是多么不容易。现在老公有时发脾气，我也能柔软地接住，不分辩，不委屈。对于儿子的任何状态，我都全然接纳，我能做到的，就是给他全部的信任和深深的祝福。

那天中午，吹了蜡烛、分吃蛋糕的时候，儿子问了我们一个问题：“我今天看了一本书，一个人死了进入天堂，天堂管理员问他，如果给他三天时间，让他记住人生中的一件事情，只能记住这一件。这个问题问你们，你们会选择记住什么？”

我立刻说：“不用三天，我现在就回答。我想记住一件事情，冬天我关节疼，不能见凉气，你爸爸每天晚上都提前坐在被窝里，直到被窝热了我才进去……”

人一辈子有很多追求，也有很多值得回忆的地方。转了一大圈，我才发现，最值得我珍惜的，其实就在身边……

我慢慢知道了，原来我给自己建了一个牢房，把自己困住了很多年，没有看到外面的世界很精彩。我想放下一切，轻松地活一次。我从来没有这样渴望过这种生活，这是我逐渐恢复的关键。

背着阳光去生活

文 / 忘忧草

休学一年后，儿子最终还是鼓足勇气直面中考。忐忑、焦虑、痛苦、不服输，所有复杂的情绪、情感，此时都无暇顾及，因为他怀揣着一个梦想——要活成他自己的模样。

去年今日，我还在为儿子抑郁、焦虑的严重躯体化不知所措，为儿子时不时地划伤自残而愤怒“抓狂”，他频繁地想要终止自己的生命来结束那种难以名状的痛苦。今天，他能以微笑和“剪刀手”的状态出现在考点门口，我非常开心和幸福。在走进去的那一刻，我想告诉儿子：“你已经赢了！”

去考场的路上，我对他说：“儿子大胆做题！这只是人生的一次小考，决定不了什么。”儿子会心地点点头。只有我和儿子知道，经历了一年半的生死博弈，我们已经通过了一场人生大考！**从失望到绝望，从痛不欲生到想要轻松地死，从天崩地裂到烟消雾散，从电闪雷鸣到云淡风轻……没有经历过的人，很难懂。**

2023 年 3 月 10 日的晚上，儿子第一次服了大量的安眠药。我在第一时间送他去医院进行了急救，也是第一次关注到孩子的情绪。从医院回来，儿子对我说："妈妈，我可能抑郁了。"当时我觉得是天方夜谭，说胡话吧！儿子从小活泼好动，街舞、架子鼓、角色表演都很出类拔萃，抑郁？怎么可能！

在他的坚持下，我们去医院做了测评，结果是"重度抑郁，中度焦虑"，而且这些症状从2023年的春节就已经出现了。仔细回想，那时，他每天都因为作业繁重熬夜失眠。**他细嫩的手臂上已经有了一层新一层旧的划痕，只是我这个当娘的一直在忽视他的感受，更没有发现他怪异的行为，愚昧地将这一切归结为青春期叛逆。**

在心理咨询室，**我第一次意识到，鱼生病了是水的原因。**我进行了回顾：儿子从1岁半失去父亲开始，就由家里老人和保姆频繁更换照顾；我一个人带着10岁姐姐和1岁弟弟总是感到不安和焦虑；由于工作原因与儿子一次次分离；对儿子学习的严格要求和生活上没有底线的呵护，以及儿子不到2周岁就被送到幼儿园，幼儿园老师对儿子的呵斥……天哪，我都干了什么？我一边面对儿子痛苦不堪的状态，一边陷入深深的内疚和自责中。

2023年4月25日，儿子因为身体极度疲乏，不得不请假在家。我原以为五一放小长假，等他略加休息调整就能重返校园，可没有想到的是，这仅仅是噩梦的开始。乏力、心悸、嗜睡或失眠，对自己不能上学的抗拒，病耻感，儿子白天不敢出门，晚上靠打游戏缓解焦虑，睡眠中不断抽搐，睡眠质量极差，太痛苦的时候靠划伤自己的胳膊来保持清醒，等等，所有的不愿看到的症状，都一一呈现。**儿子就像一条沙滩上被搁浅的小鱼，奄奄一息。而我作为妈妈，却无能为力。**

上天呀，我本性善良，从未干过伤天害理的事情，从未对不起任何人，为什么让我经历如此的磨难和煎熬？如果我罪孽深重，就惩罚我一个人，请让这种痛苦远离我的孩子吧。我的心，真的碎了。看到儿子那么痛苦，我甚至想过和他一起从顶楼上一跃而下，从此一了百了。

接不住孩子的情绪，我的情绪一次次跌入谷底。儿子对我的敌意也与日俱增。后来他要求自己一个人住在公寓，说需要空间。有一次晚上，远在国外的姐姐告诉我，弟弟在家划伤得很厉害，让我去看看。我慌忙前往。他举起血迹斑斑的手臂吼道："你赶紧走，谁告诉你的？你不走是吧？那别怪我过分啊！"然后他就跑到厕所用刀片将手臂划得更深，我惊恐地退出公寓的房门。那是怎样暗无天日的日子啊！**坐在车上，眼睁睁看着19层楼上的窗户，我祈祷着，慌乱着，不敢上去也不敢离开，流着泪一直到天亮。作为母亲，明明知道孩子在偷偷地划伤自己，却不能去安慰、去照顾，只能远远地想象着各种流血的场景，这是何等的折磨！**

后来，原本几分钟就可以搞定的简单表格，我会弄一上午也做不出来。我的体力和精神都已经到了崩溃的边缘，我请假了。内疚、自责并不能挽救孩子和拯救自己，我必须自我成长！我四方求助，其中做了一件最正确的事，就是参加了渡过平台举办的青岛夏令营。在那里，我看到了一群和我一样焦灼的妈妈，碰到了一群和我孩子一样处在水深火热中的青少年，遇见了一群有智慧有爱的医生和老师。在这个营地里，我不仅找到了方向，找到了方法，也找到了信心。孩子也是从那一次夏令营回来，改变了原来的沉沦和自暴自弃。

我开始反思自己的错误教养方式，开始夜以继日地学习心理知识，学习沟通方法，学习了解孩子背后的需求。随着不断学习，我在孩子划伤的时候不再大惊小怪、愤怒或责备，而是默默地给他涂药消毒；在他半夜心慌、烦躁不安的时候，带他去 KTV 唱他喜欢的歌；在他作息混乱、黑白颠倒的时候，陪他白天睡、夜里醒……强势的我学会了道歉，学会了接纳，学会了包容，也因为懂他，所以开始心疼。儿子在我的变化中奇迹般地一天天好起来。

2023 年 9 月，因为复学失败，儿子又一次受到了沉重的打击，他再次吞药。我心疼地抱着他，告诉他："妈妈知道你很累，也很难。不上学也无所谓，妈妈有能力养你一辈子，妈妈会在离开这个世界之前给你留很多很多的钱。只要你好好地活着。"他号啕大哭："妈妈，对不起，你为什么要对我这么好？"

几天后的一个早晨，他睁开眼，很平静地说："妈妈，我想通了，即使我考不上高中，考不上大学，我也可以上个职高，学个技术，养活我自己。再不行，我架子鼓 10 级，教学生打架子鼓也可以挣钱养家。"这是向死而生的觉醒吗？我，泪如泉涌。

他开始刻意调整自己的作息，发挥自己的兴趣爱好，每天坚持打架子鼓，晚上又不知疲倦地弹钢琴。他还通过拍照、拍视频、做剪辑，挣了一笔上千元的"巨款"呢。那个冬天，我们一起打乒乓球，一起看电影，一起吃遍周边的美食，还时不时来一场说走就走的旅行。最美妙的是半夜下大雪，我们疯跑出去，冒着严寒趴在地上拍风吹雪沙的美景。

再后来，我参加了 2023 年 12 月的心理咨询师资格考试，并顺利拿到证书。我还参加了读书会、咨询师培训班。随着我的改变，儿子也开始在家里自学初三的课程。这个春天，儿子参加了学校的各种考试，体育、信息和实验考试都是满分。他参加了两所学校的艺考，也都顺利通关。这就更增加了他的信心。他说尽力多考点儿文化分，争取能在艺术特长上有新的突破和发展。

儿子依然在服药，有时也会精力不足，但既然在路上，就不怕路远。

外面还在下着雨，儿子在考场内中考，我在考场外的车里写着一年来的心得体会，没有一丝的焦虑。想想一年前的今天和一年后的今天，我很感谢上天，也感谢我的儿子。**生活中所有的磨难都是一份厚礼，我们要好好地接住它，因为这是上天的馈赠。有了它，才有了我们今天的觉察和成长，才有了这份经历生死后的释然，才有了“心碎了，补一补”的豁达，才有了面对骇浪波澜不惊的胸怀。同时也让我们清楚地知道，我们的孩子只是生而与众不同，他们有自己的特质，他们的人生会更加精彩。**

阳光总在风雨后，让我们和孩子一起，背着阳光前行。

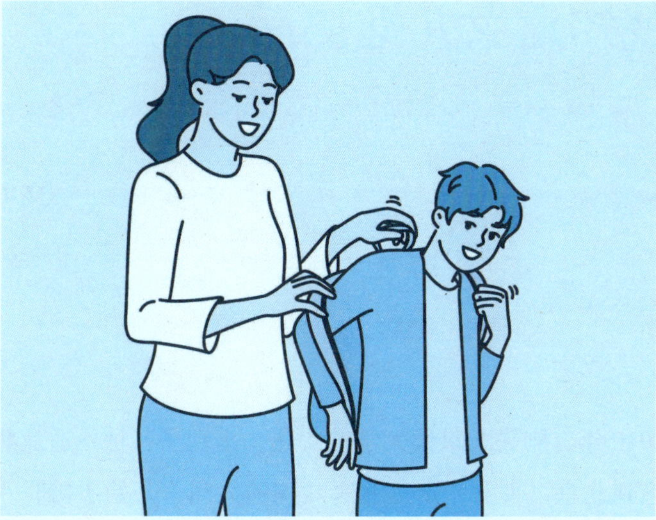

生活中所有的磨难都是一份厚礼，我们要好好地接住它，因为这是上天的馈赠。有了它，才有了我们今天的觉察和成长，才有了这份经历生死后的释然，才有了“心碎了，补一补”的豁达，才有了面对骇浪波澜不惊的胸怀。同时也让我们清楚地知道，我们的孩子只是生而与众不同，他们有自己的特质，他们的人生会更加精彩。

当我知道女儿抑郁后

——一位母亲完整的就医经验

文 / 恬静

2010 年，刚去北京读大学的女儿，出现了各种不适症状。我闻讯赶到北京，带女儿走进北医六院的大门，开始了历时八年的坎坷治疗路。目前女儿已经康复并参加工作。

八年来，我几乎把全部的精力投入到陪伴女儿上。我买来病理学和药理学方面的书籍，“潜水”抑郁症论坛数年，研究患者各阶段的心理特征。2012 年，我建了一个抑郁症线上群，2014 年又建了患者家长线上群；2017 年加入渡过家长一群，后接任群主；2018 年 11 月加入渡过陪伴者项目；2019 年又任渡过家长十二群群主；2019 年 10 月，筹办渡过南京同城会。

在这个过程中，我深深体会到药物治疗的关键作用、心理建设的支撑作用、家庭港湾的情感修复作用以及社会回归的人格完善作用。这一篇主要谈药物治疗。

一、求助

不要给孩子扣帽子。作为家长，当对孩子的行为、思想、举止感到疑惑、担心、焦虑时，最安全、最科学、最简单的方式，就是带孩子一起到专科医院寻求帮助。我这里说的是“寻求帮助”而不是“看病”。因为我们不知道孩子是不是病了，更不知道得的是什么病，甚至不知道是谁病了。

比如有的家长会说：“我孩子得抑郁症了，我需要带他看医生。”（错！孩子得的是不是抑郁症，只有等医生确诊以后才知道。）你可以这么说：“孩子，我最近感觉你有些不对劲，不知道哪里出了问题，我们需要到医生那里咨询一下，看看医生有什么建议，指导一下。”这样说，既客观，又不会增加孩子就医的恐惧感。

其实，很多问题出在家长。他们自己对这种病不了解，有恐惧心理，甚至还有病耻感。孩子不会因为去看专科医生才生病，没去看的未必就没有病。**抱着对孩子负责的科学态度，克服病耻感，求助要紧。**

二、初诊

尽可能找三甲专科医院的高级专家或特需门诊。大部分家长一开始对抑郁症不了解，所以与医生交流充分些，效果才好。尽可能找专家，这类医生经验比较丰富，把握治疗方向相对准确。

这样的门诊通常需要不止一次。也许需要若干次才能确诊。因为人的情绪是一直处于波动中的，一次面诊给医生的印象往往是片面的，多次、有规律的连续复诊，医生的印象才可能形成一个相对完整的状态，有助于找到规律。

确诊时间的长和短，由各人病情的特点决定，和病的严重程度没有直接的关系，不要因此多虑。

三、吃药

进医院并不就意味着一定会吃药。医生一般会给出建议，确诊孩子生没生病、生什么病。即使是确诊有病，也不完全都需要用药。比如，对于多动症患者来说，一般不用药，建议进行感统训练。

医生的处方也不仅仅是药物，还包括护理注意事项、生活方式纠正、心理治疗建议等。如果医生判断没有病，也可能会给一些改善建议。

注意，并不是看了病、吃了药就可以立即药到病除。治病是一个过程，需要时间。精神类药物起效至少两周，有的要两个月以上，而药物的副作用会很快出现。很多家长自身情绪非常紧张、焦虑，时刻盼望着看到药物起效。如果没见到效果，就说医生不好；特别是先看到药物副作用，就怨气十足，甚至惶恐不安。

其实见效快的药未必是好药，未必适合长期服用；见效慢的药未必不好，也许是对患者的一种保护。用什么药合适，需要家长在就医过程中学习、探索，和医生、患者一起共同商量。即使发现某种药不合适，也是向胜利迈进了一步。

以焦虑的心态去评判医生，也许会错过一次少走弯路的机会。家长应对的办法是抱着学习的心态去看病。每次门诊就是一次实习课程，哪怕只有五分钟、十分钟。

四、交流

在看病的过程中学会与医生交流。时间长一些，就诊经验多一些了，家长们就很容易发现，医生或者书本里定义的一些专业名词，和自己平时用的词，含义并不完全相同。由于家长本身也很焦虑，敏感多疑，不一定能客观准确地判断孩子的情绪。这种情况下，建议家长在带孩子复诊的前一天平复自己的情绪，客观回顾一下从上次就诊到现在孩子的变化或不变，做到心中有数。

原则上不建议家长代诊，每次就医都是一次治疗过程，同时也在修正孩子的自我认知，让他们在不知不觉中克服了对就医的恐惧。

如果面诊时孩子能够和医生交流，建议以他们交流为主，家长再进行补充。医生和患者面对面交流所获得的信息，是最为准确和全面的。不仅仅是语言内容，还包括神情、语态、思路等方面的信息。

医生和患者的对话也是一次治疗，家长要用心旁听，在结束前做简洁的补充。

五、住院

在看病的过程中，有一部分医生会建议孩子住院。

我支持尽量住院。住院并不完全是因为病情严重，可能是医生察觉到有遗漏的症状，或者不能确诊，需要孩子住院观察。住院期间有专业护士 24 小时观察记录状态，对孩子的病状了解得相对完整全面，比外行的父母转述要更精准。

而且，住院不需要父母陪同、排队，减少了很多麻烦。孩子睡眠规律，饮食规范，服药、辅助治疗（心理治疗、音乐治疗等）的依从性也更好。综合观察后，对于孩子的诊断会更准确，药物调整也更加精确。

六、调药

对于进入正常治疗的抑郁症患者来说，按时复诊调药很重要。很多家长会抱怨，门诊拥挤，和医生交流的时间太短，一肚子话不知道如何说起，对此我们需要积累经验。

一般复诊时，叙述的症状要比上一次就诊更具体。比如，家长可以叙述孩子“比上一次情绪高一点儿了”或者“低一点儿了”。讲了变化后，再说孩子新出现的问题。

对于用药，交流时要养成规范的表述习惯，直接说“早上服用某某药多少毫克，中午服用某某药多少毫克，晚上服用某某药多少毫克”，一口气说完整。药名最好用化学名，剂量不要用片，因为同一种药有很多种剂量的包装，你说多少片医生不一定了解。比如喹硫平有 25 毫克 / 片、100 毫克 / 片、200 毫克 / 片好几种类型。如果你不一口气说完，医生问一句说一句，再核实一下一片是多少剂量，十分钟很快就过去了。

对于接受正常药物治疗的患者，家长要督促孩子按时吃药，合理安排作息时间，规律饮食，坚持锻炼。注意这些点滴生活琐事，对孩子的康复有益。

作为家长，当对孩子的行为、思想、举止感到疑惑、担心、焦虑时，最安全、最科学、最简单的方式，就是带孩子一起到专科医院寻求帮助。

任何时候觉醒都不晚

文 / 知会

2021 年 11 月 29 日那一天，至今难忘，到现在为止，就像一场梦……

那天我收到了孩子学校老师的邮件，说要和我谈谈，我是靠着翻译软件准确读完每一个单词的。这之前，我们和学校的老师极少联系，孩子一直在学校表现和适应得很好，所以我之前偶尔收到的邮件也都是节日问候和赞美孩子之类的。“谈谈”一词颇为晃眼，作为留学生家长，大家知道：没有消息，通常就是最好的消息！

老师告诉我，孩子的状态不太好，她自己说要看看医生，让我们不必担心，老师会陪着她，但需要家长授权，如果需要用药，希望我们同意，孩子不愿意和我们谈！我的脑子一下子“嗡嗡”的，情绪有些激动，但很快平静下来，因为我知道，孩子不是此刻才出现状况的，早在初中的时候我们就有过冲突。**虽然我认为，我目前正在学习和改变，但速度远远跟不上孩子心理变化的速度，我也不明白，为什么会突然变成这个样子？我哽咽着**

说：“好！”从那天开始，我就没再睡过一个好觉，常常半夜惊醒，查定位，看看孩子在哪里。

记得有一天，我发现她的定位消失在“视线”之中，我几乎崩溃，一直在发抖，我不知道该怎么办，是先生抱着我说：“相信孩子！她一定能挺过去，这是她人生要走的路，如果今天过不去，以后也会出别的问题，我和你，一起扛！”我还是在黑暗恐惧中“抓狂”了一个小时，疯狂地拨根本打不通的电话。直到后面她再次出现，没事人般地回复信息：“刚刚考试，关机了！”回想那个时刻，再多等一分钟，我就报警了！从那之后，我再也没睡过一个好觉，我比之前更加焦虑了……类似的事情，几乎是孩子刚刚开始生病时的常态。同时，经过此事后，我发现我的孩子并没有那么脆弱，脆弱的是我的内心，于是，我开始认真思考和实践一个观念：焦虑是对孩子最大的诅咒，信任是对孩子最好的祝福！带着这样的觉知，我天天练习正念、呼吸，保持好的心理状态和觉知，努力让黑暗的日子变得有色彩：只有学会在黑暗中起舞，才能看到心中的光芒！

其实，早在2019年孩子上高中时，我就进入学校做心理义工，那个时候是因为孩子要离开我身边，自己觉得空落落的，总得找些有意义的事情去做。而且，那时候的自己，心理状态也不甚好，想多学些心理学的理论知识，调整一下自己。当接触到有各种心理问题的孩子，通过和他们沟通，听到他们的心声时，我开始有所反思：我曾经也很严苛地要求过我的孩子，好在我的孩子一切都好！——后来才知道，我太自大了，因为“紧绷”可能是我那时的常态，我从来没有认真反思过！一直以来我都太紧张了，我希望孩子能有一个不一样的未来，在自己有能力给予她选择权的时候，让她多学习技能，于是唱歌、舞蹈、钢琴、美术、体育、学业，我样样抓得很紧，孩子也从未让我失望，每一项都很厉害，她，成了别人眼中的孩子——自强、独立、坚韧！也就是在这样的高压下，孩子也内化了对自己的完美要求：事事都要争，事事都想做到最好！通过参加游学，她自己选择参加竞争激烈的美国高中申请，凭着努力和实力挤进寄宿高中的精英行列，我为她骄傲，但这也埋下了隐患。两年来，她独自在国外留学，适应着不同国度和文化的冲击，孤单前行，我学着放手，一切似乎都顺顺利利，直到老师和我沟通的前一个月，我的孩子还开开心心告诉我自己考试又得了 A+。而再有机会打通她的电话时，她开始控诉："我不想再装了，我累了，受不了！我每天笑容灿烂地对人，但我非常痛苦，我很难过！"我心如刀割，没想到她灿烂笑容的背后是如此压抑，是什么原因让她突然变成这样？我不明白！

之后，我进入疯狂的学习模式，正面管教、弗洛伊德、海灵格、中医、瑜伽、认知行为疗法（CBT）、辩证行为疗法（DBT）、神经语言程序学（NLP）……能学的我都学，开始的时候我学了什么就赶快用，看看是否能让孩子快快好起来。我发现完全是无用之用，无论是心理距离还是物理距离，我和孩子连普通沟通都谈不上，何谈治疗？更何况，孩子表达的心声更多是：**"我病了，你们要接受！不要试图以拯救者的身份觉得自己无所不能！"**当听到她歇斯底里、无助地呐喊的时候，我知道，我的方向错了，她用牺牲自己的方式，在让我们做父母的觉醒，我们才是那个需要“救助”的人！

我开始变得谦卑，在学习的过程里，我慢慢地抚平自己的伤痛，开始理解自己，开始理解孩子，开始理解我们的关系。这个世界总有我掌控不了的东西，作为妈妈，我只是妈妈，不是什么高高在上的“统治者”，我不能左右孩子的人生，不能用我自己的条规和价值观，破坏亲密关系和亲子关系。我，谁都不是，只是在走我自己人生路的时候，把自己给弄丢了！曾经，我把期待寄托在爱人和孩子身上，无形之中给了别人巨大的压力，自己却一直不知道，总是以爱的名义绑架我最爱的人！当我意识到这一切的时候，我开始给自己松绑，我重新开始寻找自己的价值，用所学的知识做公益，倾听别人的故事，尽管不一定能给他人意见，因为每个人都本自具足，我只要倾听，即是对他人最好的抚慰！当我安静下来了，家人开始慢慢靠近我，先生也开始学习心理学、哲学，当我们一起学习讨论的时候，关系得到了修复。我记得我的老师说过一句话：对孩子最好的爱，是父母的相亲相爱！我们，重新让彼此爱上对方。

时间就这样慢慢地过，孩子也从高中进入了大学，在她最艰难的时候，我咬着牙，看着她痛，内心只有一个声音支撑着我：相信她！那是我的孩子，她终将长大！我们在后方给孩子一个最稳定的家，她才能在前方折腾，只要她回头，我们永远都在！到目前为止，孩子还是会焦虑、紧张，但我们重新牵挂彼此，能够平静、和谐地沟通和相处，这，不就是生活本来的样子吗？

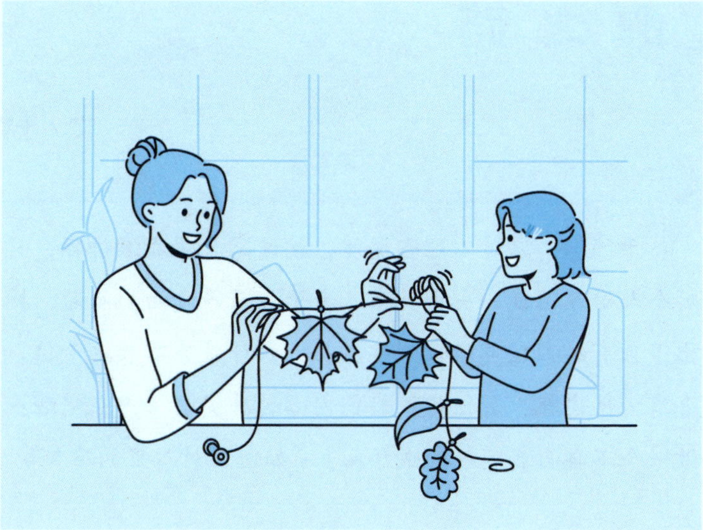

孩子表达的心声更多是："我病了，你们要接受！不要试图以拯救者的身份觉得自己无所不能！"当听到她歇斯底里、无助地呐喊的时候，我知道，我的方向错了，她用牺牲自己的方式，在让我们做父母的觉醒，我们才是那个需要"救助"的人！

[专家点评]

觉 醒 之 路

文 / 于德志

于德志，渡过心理咨询师，渡过家长营资深讲师，针对个人心理困境、夫妻关系、亲子关系等方面的问题，提出了独有的心理灵活性训练课程，累计服务家长上千位。著有《反内耗：如何化解我们内心的冲突》《内在觉醒：做一个不再自我消耗的成年人》《如何应对心里的难》等。

多年前，在深刻体验过心理痛苦之后，为了帮助更多同样深陷困境的朋友，张进老师发起并创立了渡过平台。

此后，我与渡过合作多年，先后为上千位家长提供过倾听与支持孩子的训练课程。这些家长共同的特征是，尽管屡屡受挫，却一直没有放弃努力，始终都在寻找合适的方向以支持孩子走出心理困境。

家长们这种不畏挫折的努力，是难能可贵的，因为它向困境中的孩子发出了一个清晰而坚定的信息：“我们绝不会放弃你！”

这种不被放弃的爱，会赋予孩子宝贵的希望。但有时，在不放弃孩子、坚定地爱孩子、渴望支持孩子的过程中，不少家长会犯错，在不知不觉中踏上了弯路。

无知，会带来误解与盲动

这种弯路最清晰的表现之一，就是误解孩子。

比如，一位妈妈告诉我：“我女儿就是懒，每天就是躺在床上，吃饭都要让我端到床边，她每天除了刷手机、看小说，别的什么都不愿意做。就这样，还天天都喊累。”

当父母不理解孩子发生了什么，并因此误解孩子时，就会不自觉地走向盲动，却误以为这是在支持孩子。这位妈妈会反复告诉孩子“不要躺着，要多运动”，当孩子有了力量，能够迎合妈妈开始运动时，妈妈非常开心。但几天后，当孩子停止运动时，妈妈便再次陷入了痛苦：“你就是太懒，做什么都不能坚持，这样未来你怎么能踏入社会？”

这位妈妈不知道，自己所谓支持孩子的行动其实是在伤害着孩子。所以，当妈妈陪孩子一起和我互动时，这个孩子吼出了内心的委屈和愤怒：“我不想下床，是因为那时候我根本没力气。后来我开始运动，妈妈又找医生给我调药，之后我肠胃就很不舒服，稍微一动就会想吐。我害怕自己吐在健身房里，所以，我就不敢去运动了。”

与这个孩子不同，另一个孩子，在陷入困境后不断地声讨父母，说自己之所以自卑没有朋友，都是因为以前父母从不给自己零花钱，还总和她说家里没钱。

她的声讨让父母很痛苦，他们以为孩子是想跟自己要钱。于是，他们开始满足孩子：“现在孩子想要什么，我们就给买什么。因为有专家说这能弥补孩子缺失的爱，让孩子走出困境……”

但很快，他们就有了新的苦恼："孩子以前是特别节约的，花几十块买个小娃娃都要考虑半天。但现在，她一买就是几千块。当她不高兴的时候，就会反复要钱，无节制地购物，说这样她才能感到快乐，感到自己被爱！"于是，在苦苦支撑之余，他们又开始劝说孩子节约，希望孩子能理智消费。

这里，这对父母先后两次都误解了孩子：孩子哭诉自己很自卑，声讨父母不给零花钱时，她想表达的不是"赶紧给我钱"，那一刻，她想表达的是"我感觉自己不被爱，所以我渴望爱"。此刻，倾听孩子、拥抱孩子或者爱抚孩子，都是对孩子有效的支持。同样，当孩子误入歧途，开始用消费来博取片刻的快感时，不意味着她失去了理智，而是她无力处理情绪压力，无力处理压力下想要消费的冲动。因此，此刻帮助孩子一起面对苦恼的情绪，一起面对想要消费的冲动，就是对孩子有效的支持，而试图竭尽所能满足孩子，或者要求孩子保持理智，都是在进一步伤害孩子。

当然，要理解为什么这是伤害，其实非常不容易，它需要父母有能力发现并理解此刻生命的事实。

发现并理解事实，停止无意识的盲动与伤害

在指导父母做倾听练习时，我会反复强调一个信息：看不到事实，理解不了事实，我们就会沉浸在既有的行为模式中，因此会反复地伤害孩子而不自知。

前面我提到的两位家长，因为看不到孩子生命的事实，所以

在与孩子的互动中都走向了无意识的盲动，并因此造成了伤害。

其实，这种盲动与伤害是可以避免的，**只要父母有能力发现并理解事实，而不再沉浸于自己的无意识中。**

在本章中，一位笔名“一白”的家长，分享了自己发现事实、走出无意识、停止伤害，进而走向改变的过程：

> 一开始，她是一位焦虑的妈妈，试图严格管控女儿和儿子的生活。
>
> 她分享了一段体验，是与小儿子的冲突：在街上，因为一件自己都记不得的小事儿，她情绪失控，大声呵斥儿子并扇了他一个耳光。
>
> 这一刻，这位妈妈是无意识的，她的行动是盲目而有害的，但那一刻，她对此一无所知。
>
> 下一刻，儿子伤心地大哭，以及脸上清晰的掌印，都提醒了她一个事实：“我失控了，我在伤害孩子。”这个事实，让她迅速清醒了下来：“我怎么了？为什么我会这么愤怒？真的是因为儿子犯错了吗？”
>
> 在这种清醒中，她意识到一件事：“我需要理解自己，我需要走出自己的困境！”于是，强烈的痛苦感和由此而来的使命感，让这位妈妈开始学着面对事实、理解事实，也因此，她踏上了全新的自我觉醒之路。

这条路说来容易，但走起来会很艰难。当大家读到一白的故事时，会感慨于她的努力与付出。

但这种努力是有价值的，因为在这种全新的行动中，无论是她自己，还是她的孩子、家庭，都迎来了巨大的变化：原本深陷困境的孩子，因为她的改变而重新找回了活泼开朗、真实自然的状态，他们开始活出自己，敢想敢做。当孩子能接纳自己的情绪时，他们由内而外的自信也渐渐显露……

理解问题，是觉醒与支持的开始

一白的改变，其实每一位父母都有机会做到。

只是，这需要父母清晰地看到一个一直存在却总被无意识忽略的事实：**“我的努力，好像总是以失败告终。或者，孩子的努力，好像也都以失败告终。”**只要能清晰地看到这个事实，一个重大的改变就会出现：**停止既有的、不断重复却又持续无益的努力！**

在倾听练习课上，我带家长们做的第一件事，就是发现并停止无意义的努力。但这会让家长们惶恐：“不努力，那我们该怎么办？”

生活中，当我们遇到意想不到的挑战时，总想迅速解决问题。因此，我们会努力地寻求“怎么办”的答案。但这种答案，是否真的帮我们解决了问题，我们往往一无所知。这一现象尤其体现在心理困境的处理上：遭遇心理挑战时，我们会自动开始寻找解决方案，但所有的方案好像都处理不了心理困境。

为什么诸多权威甚至实证有效的“怎么办”，在遭遇实际问题时都会失效？

答案很简单：**人不是机器，每个人每一刻的状态都有可能不同，所以在特定情境下对他人有用的“怎么办”，到了“我”这里，因为情境的不同，可能就完全没有帮助。**

清晰地认识到这一事实，我们就有机会停止对“怎么办”的追寻。但是我们又需要解决问题，于是，我们就面临着一个清晰的任务：去理解问题，然后基于对问题的理解再来处理问题。

这就是真正的觉醒之路：**放下一切已知的、未知的“怎么办”，先来理解“发生了什么”，理解事情背后蕴藏着什么样的生命运作规律，再依托于事实和规律，去灵活地处理问题并调整处理行动。**

在前面，我提到过第一个孩子疲惫无力的状态。在与我的互动中，当她理解了疲惫无力的根源之一是失控的大脑语言，然后尝试处理无意义的自我较量时，她的力量开始增长，她的表现也开始改善。

另一个孩子，当她理解了自己的问题是情绪管理和冲动管理，而非父母过去的伤害时，她开始专注于理解情绪，开始尝试摆脱冲动消费背后的语言，然后，她开始有能力拿回自己的生活，而不是每天沉浸在痛苦中。

心理世界的改变可能源自对“怎么办”的追寻，但更可能源自对“发生了什么”以及“生命运作的规律是什么”等问题的理解。

第二篇

接纳与陪伴

在我看来，家长的主要任务不是引导和教育，而是接纳和陪伴。爱就是放下所有的期待，接纳真实的孩子。

爱是如其所是，而非如我所愿。我相信，爱可以疗愈一切。

——邹峰

女儿抑郁休学，却成了我赎罪的机会

文 / 闹闹

一

我的女儿从小就是我的骄傲。她小学的时候就是老师的左膀右臂，是班级的班长之一；初中是年级学生会的部长之一；学习也比我小时候好。

可是，就在中考前的两个月，女儿忽然说自己爱犯困，闹着不想上学，只能在家待着。虽然中考女儿凭借以前的基础，顺利考上了高中，当时我心想幸好顺利过了这一关，但是高中开学后仅仅一个月，女儿又一次崩溃了，而且比中考前更严重，甚至在家里看看书都做不到了。

随后，女儿确诊抑郁。

仿佛晴天霹雳，仿佛光环散尽。以前，觉得孩子长大了，我们要面对很多问题：青春期、早恋、成绩下降……后来突然发现，这些问题，在抑郁面前通通不是事儿。

带女儿在精神科排队时，看到在我们前面的女孩，才初一，看她当着我们的面用手使劲地划着胳膊；在我们后面等待就诊的女孩，已经上大学了，听说被医生诊断要住院……我的女儿，过去曾经遭遇过什么？未来又会遭遇到什么？

孩子的姥姥念叨着“怎么好好的孩子就这样了”，知道实情的同事也惊讶至极，看着开朗乐观、爱好广泛的我，怎么也想不到我的孩子会得这个病。

为了给孩子请假，班主任、年级主任、教导主任、主管校长，我都谈遍了，他们都一致劝我给女儿休学。我走出学校大门，崩溃大哭。那些日子里，我不知道偷偷哭了多少次。孩子哭的时候，我也会跟着一起哭。眼泪啊，真的是止不住地流。

二

哭过之后，我开始行动。一般人得病了，就会想这病是咋得的。我一边学习相关知识，一边从怀孕时开始捋，遗传、性格、成长环境、教育方式……真的是360度无死角，拼命想，使劲抠，沾边就算。

如果一个孩子优秀，那么她的优秀是怎么培养出来的，能总结出百八十条。

如果一个孩子得病，那么她的病是怎么来的，也能总结出百八十条。

过去的已成过去，分析也只是做个参考，我们只能着眼于现在，向前看，做选择。

当时，孩子天天就知道睡，怎么都睡不够，确实，初中几年，初一睡 8 小时，初二睡 7 小时，初三睡 6 小时，谁能受得了呢？一开始觉得女儿歇几个月补补觉就好了，后来发现怎么补也补不过来。再就是女儿啥也不想干，对啥都没兴趣。活着没有目标，想死，又怕死。

我们也给孩子找了线上心理咨询师，每周一次，孩子也还满意，后来因为心理咨询师家里有事停了咨询，本想让她转介绍一个，可是孩子不干了，她无法信任其他人。

我自己买了一本认知行为疗法的教科书自学，试着按图索骥，争取能帮女儿多少是多少；后来又报名了心理咨询师培训，虽然根据咨询伦理，我不能亲自给孩子做咨询，但是学习到的理论和案例，对我陪伴孩子有所启示。

还有就是让孩子按时按量服药，带孩子定期复诊。病急乱投医，真是体会到了，试了很多方法，有的有一点儿用，有的只起到反效果。

因为心理咨询和药物治疗的维持，再加上疫情期间线上教学，女儿在线上挂着网课，勉强撑着不休学，就这样，浑浑噩噩地愣是熬过了第一学期，课程却落了三分之二。

整个寒假，因为课没学全，所以作业也没做，支撑她的是冬奥会，冰墩墩和雪容融。

第二学期开学报到的时候，孩子还是不能走进教室。赶上选文理科、重新分班，老师和大部分同学都换了，孩子勉强同意了休学，我狠狠心、咬咬牙、一跺脚，找校长签字，休学！

三

孩子正式休学了，休学期间，她和学校、老师、同学之间就暂时无牵无挂了。唯一连着的丝断了，我实在想象不到，她独自一个人在家，啥事不做，一天天挨过，是个什么样子。我要陪着她！

再加上此时，我也没有心思工作了，我更怕的是某天回到家，打开门，看到我不想见到的一幕……工作中一直是骨干的我，也疲倦了，正好想趁此机会歇一歇。

于是，孩子休学的同时，我也交接了手头的工作，向单位请了长假。一个不上学，一个不上班，从此，我们相依为命。

最初的一段时间，因为疫情，再加上天冷，我们干不了啥。租房搬家，没把娱乐的东西带过来，重新买了扑克，陪她玩“斗地主”——中考前休学那段时间她就很喜欢玩。我买了几本有趣的学生杂志，但是她不想看，没问题，尊重她的选择。最开始，除了她睡觉，其他时候我都跟她赖在一起。

我们一起打电子游戏，一起用健身环锻炼，一起晒太阳，一起去游乐园，一起玩密室逃脱，一起看电影，一起品美食，一起做核酸，一起取快递，一起旅行，一起看综艺哈哈大笑……按同事的话说，就是每天吃喝玩乐，嗯，除了做题。我们不像母女，更像闺蜜了，感觉我的任务就是让孩子开心。

孩子原来不喜欢宠物，于是每次路上看见有人遛宠物，我都会为她挡住视线。忽然有一天，她提出想养猫，我和老公都有些担心，但我们最终同意了。养猫确实带来很多好处，也有着少不了的麻烦。养猫的大部分事都由孩子来做，我只是帮忙。

休学期间，她也学会了点外卖、网购。钱虽然仍是我掏，但由她自己结账，感觉孩子比以前会的更多了，更自立了。

四

后来，我关注到了渡过平台，并加入了几个社群，有一种终于找到了组织的感觉。我欣慰地看到，抑郁正被越来越多的人所正视和接受。病人、家属、陪伴者、咨询师、医生、专家等，都在努力为大家架起一座通往健康的桥梁！

据说，每四五个孩子中就有一个抑郁的，很多家长对此都很焦虑，尤其是和正值青春期的孩子进行沟通交流时，说深说浅不好把握。

最近也有同事朋友和我聊，说自家孩子压力大。我的感觉就是：如果不是，不要过分夸大；如果是，不要不重视以防严重。孩子可以学习不好，但一定要坚持锻炼，有爱好；孩子是敏感的，大人不要忽视他们的感受。有的大人觉得没什么的事儿，对孩子而言，却可能有千钧之重。

在孩子小的时候，我忙工作，没有陪在她身边，现在她病了，我请假陪她，就像在弥补，在赎罪。不可能了，回不去了，曾经的孩童已长到青春期，时光一去不复返，逝去的已然逝去。休学，仿佛就像按下了暂停键，我们休整好自己，再出发！

青春期的孩子，想独立但又能力不足，家长要在该出手时才出手，不用出手的时候，在一旁默默地守候着孩子就可以了。我比以前更“淡定”了，我和女儿都在越来越好！一起成长！

病人，不像我们想象得那么简单，他们很痛苦；家属，陪伴之路很艰辛，责任重大，甚至如履薄冰，背后的艰辛真的是只有身受，才能感同——一边是面对孩子的种种，一边是面对不了解这种疾病的旁人的或理解或质疑。当然，对那些给予过我们帮助的人，我还是感激万分！

今年夏天，我们一度开始为复学做准备。虽然我们自我感觉良好，但是做完检查，医生觉得孩子还不稳定，不给我们开证明，也就不能复学。虽然当时有些沮丧，但冷静下来后，我和女儿都承认，别说复学，就是在学校坐一天，她现在未必能扛下来。真的没到复学的时候，时机不成熟，强行硬上，反而可能导致前功尽弃。

看来，虽然我们比最糟糕的时候已经好了很多，但离真正能够复学还有距离，任重道远，“抑”路同行吧。

我有耐心，也有信心：孩子一定会康复！明天一定会更好！

孩子可以学习不好，但一定要坚持锻炼，有爱好；孩子是敏感的，大人不要忽视他们的感受。有的大人觉得没什么的事儿，对孩子而言，却可能有千钧之重。

母亲的陪伴日记：度过孩子休学第一周

文 / 滟

一、请假

我是两个男孩的妈妈。前一天下午，哥哥忽然很烦躁，说不想返校，我虽然有心理准备，但还是免不了失落，也带着一些焦虑，一想到接下来可能有的后果，心中很不安。虽然哥哥基本情绪可控，但我总想着念着返校，觉着早早回到学校才是正道。于是被哥哥埋怨："我感觉你说什么都话里有话。"

哎，不能说你很敏感，只能说你太尖锐，潜意识都能被你识破。

早上 8 点左右，我还是叫醒哥哥，哥哥倒是没有抗拒，起床吃饭，按时打开网课。不知是真的吃坏了肚子，还是因为心理作用，哥哥肠胃炎犯了，一早就开始腹泻呕吐，有了"躺平"的事由，他就心安理得地刷手机、玩游戏。我也感慨：**身体病了，"躺平"就很容易得到慰藉和共情，自己也会放过自己；而心理病了却不被理解，自己不放过自己。**

哥哥的班主任如约和我通了话，我也如实说，可能一周，可能一两个月，可能一年，只能走一步看一步，如果学校请长假需要医院证明，我就会带他去精神卫生中心做诊断。班主任说孩子在校情况都很好，学习也投入，人际关系也融洽，言下之意好像是说会不会矫情了点儿……

我也开玩笑地把孩子的原话说给老师听，孩子说："有一种病其实叫'微笑抑郁症'，哈哈哈。"

二、反复

休学第二天。似乎身体好一点儿，心情就不好了，哥哥失去了"躺平"的事由，所有问题又堆到面前，所以今天是基本被游戏充斥的一天。

游戏能抚平焦虑的情绪，能暂时避开所有的烦恼……我能理解，但我看到沉迷在游戏中的孩子时，还是会很不自在。再加上孩子下午打开卷子时，又开始烦躁地抱怨，我又被带跑了……我开始和老公说出了我的不安，这下他也被带跑了，他回复我："要和孩子好好谈谈，不能让他再这样下去了，要让他回到学校去。"

我的直觉是，如果他回家后真这么去做了，我们就会成为孩子的敌人：什么接纳、理解，都是虚伪的假话，所谓"真爱"就是"你希望我成为什么，而不是支持我成为什么"。于是我希望老公相信我，也相信孩子，结果老公来了一句"我给你一周的时间"，真是让人哭笑不得……

今晚注定不平静，老公回家后阴沉着脸，吃完饭就准备语重心长地来那套努力论、过程论。我脑子一热，帮腔了一句“啃老是不可能的”……哥哥爆发了，我想他的焦虑就来自“躺不平”，如果真的能心安理得地“躺平”，他也不会焦虑了。哥哥非常愤怒地对爸爸说了很多他想说的话……

我想我知道他心里想说啥，同时我也不想撂着弟弟一个人，我就走开了，走的时候拍拍爸爸说：“你什么都不要说，只要听就好。”哥哥临睡前跑来和我说，他刚不知怎么了，觉得全身都在发麻。

嗯，说出来是好事，**父母在养育中真的做错了很多，但错了就从现在开始弥补吧。不知道要过多久，也可能会反反复复，但我从家长课堂学到一句，“螺旋式上升”。**

三、面具

第三天的重点可能是梳理了一下两性关系和人际关系吧。哥哥说了他在高中这段感情中的感受，也分享了一点儿他在学校的情况，说他总是戴着面具，总想做那个最优秀的人。

我说，我很心疼他，他自己都这样了，还一直考虑着别人的感受。他回复说：“就是，我连你的感受都不在乎了，我还考虑别人的感受……”然后我那该死的嘴又开始管不住地教人大道理了。

最后，他来了一句，说自己是不是“妈宝男”……**我羡慕着身心如一地做到“儿孙自有儿孙福”的开明家长，我虚伪地说着同样的话，却总是想让你成为我心目中的那个你。**

四、共情

哥哥在家“摆烂”的第四天。

过去几天，他总能赶在网课开始前起床，也能把数理化的课程挺认真地听完，虽然每天我看着他沉迷在游戏中的时间很长很长，虽然每次还有冲上前去一把拿走游戏机的冲动，但我总能看到或想到他不是真想“躺平”的迹象，心中的不安和冲动于是就慢慢平息了。

今早，上了一堂网课后，哥哥又带着极度焦躁的情绪来向我发泄：“我不想学……我什么都学不进去……你把手机密码给我，我反正就想一直看……”我一开始有点被带跑，胸中一股焦虑烦躁之情油然而生，有种“你要马上坐下来，听听我给你讲方法”的冲动，但理智又告诉我，我讲什么也没有用。

忽然一刹那，我仿佛又顿悟了：**我好像看到了那个曾经深受皮肤病困扰的我，屁大点儿的事，于旁人觉得不可理喻，于我却好像陷在深渊中，**看不到未来，看不到解决方案，那么无助，别人劝再多、说再多，对我来说都不是救命稻草……但是我最终还是走出来了。虽然还是会心疼满脸满身皮疹的孩子，但我没那么绝望，也不是很受情绪困扰。

于是我瞬间平静，笑着（发自内心地）对哥哥说：**“我知道你很难受，我有过这样的感觉，无助焦虑，我也没有方法可以教你，但是我相信，你一定都能挺过去，你一定能走出来，我们也不会放弃你。”**仿佛这是一个转机，至少我认为，哥哥平静了很多，他又坐回书桌前，开始上下一堂网课，而且接下来的一整天，他都没有再烦躁。我立刻在手机上和爸爸分享了当下的感悟，一如既往，爸爸依旧是一个“嗯”的回复，但我多说了一句“我也要谢谢你，在我很崩溃的时候，虽然没有给我解决方法，但你稳定的情绪，给了我坚持下去的力量”。

五、阴影

休学第五天发生了一个特别有趣的场景，每每想起，都忍俊不禁。邻居家的小孩来串门，看到大哥哥在打游戏，而大哥哥已经被催促着开始写作业了，就对着大哥哥说了一句：“你不要玩游戏，可以去写作业了。”哥哥回了一句：“你在教我做事吗？”这段时间一直看哥哥脸色，忍气吞声的弟弟赶忙冲上去，对哥哥说：“你不要和他计较，他还是小孩子。”哈哈哈，他大概是怕哥哥会揍邻居小孩……餐桌上，我们把这件事拿出来笑谈了下，弟弟应该不会留阴影吧。

六、脱口秀

休学第六天的一个场景是：某天中午，照例我开始准备午饭，很简单的速成牛肉面，我忽然转念一想，这么简单的备餐，让哥哥自己来做，反正他不干活也在打游戏。哥哥倒是特别情愿地放下游戏机，边煮着面，边问：“你这是在做临终培训吗？”那几天，他不止一次地追问我是不是得绝症了，他说，小说电影的剧情里都是这么安排的，儿子不争气，老妈得绝症，然后儿子痛定思痛，重新做人……哈哈哈哈，我快笑岔气了。**至暗的时刻，还能鼓起劲自我调侃……**晚餐时，我建议他去做脱口秀，那个也没有学历要求……

七、悟

休学第七天无意中瞥见哥哥给他女朋友发的消息："我还好，继续'摆烂'中，希望能慢慢悟到点儿什么……"

不急，我好像已经悟到点儿什么了，你也快了……

我羡慕着身心如一地做到“儿孙自有儿孙福”的开明家长，我虚伪地说着同样的话，却总是想让你成为我心目中的那个你。

哥哥弟弟，妈陪你们一起走

文 / 燃烧的雪

先做一个简单介绍：非典型的三口之家，一个妈和两个儿子。2020 年第一波疫情之后，读高一的双胞胎儿子先后抑郁，陪伴孩子穿越黑暗的过程，是一场相互看见、相互疗愈之旅。为能清晰表达，故把两个孩子单独分开来说。

老大哥哥

2020 年 6 月初，抑郁

2020 年 5 月底，第一波疫情之后，双胞胎儿子从老家回到北京。

大儿子："妈妈，我抑郁了。"

我一时没反应过来，大儿子突然激动起来："我这几个月里睡不着觉，网课听不懂，作业不会写……"

等老大一顿输出之后，我定了定心神，问："你想去哪个医院看看？安定医院，回龙观医院，还是北医六院？"

大儿子："去某某中医院。"

我一脸问号。

大儿子："去某某中医院！"老大厉声呼喝！

我们如约来到这家中医院，排队、填表、各种检测，之后医生给了一纸诊断："抑郁＋焦虑"，然后"中药＋西药＋物理"治疗。老大没了之前的暴躁，衰，透骨的"衰"。我不动声色，却痛彻心扉。

"我来陪哥哥。"老二主动揽下了陪伴老大的责任。我则一个人去了阳台，关起门来痛痛快快地哭了一场……

我想到了孩子早产、新生儿窒息；想到了孩子 4 岁丧父；想到了一个人既当爹又当妈，挣钱养家，独自抚养两个孩子的辛苦；想到了孩子小时候的淘气、各种鸡飞狗跳；想到了孩子初中时候的叛逆……

一个人撑了这么多年，我累了，孩子读高一了，我以为孩子懂点儿事了，我可以有机会喘口气了，可是，我的孩子却抑郁了。

我几乎被抽干了所有的活力，颓丧到了极点，连呼吸都嫌累……**时间静止了，不知过了多久，无尽的暗黑中，内心深处那个"硬核"翩然而至，这个"硬核"总能在我最低迷、最无助、最绝望的时候出现，让我感受到内心深处的力量和勇气，带我穿越黑暗。**

我擦去眼泪，接纳了所有的一切，重整旗鼓，拉开了陪伴孩子的抗抑之旅……

2020 年 7 月，打砸、自残、轻生

老大拒绝服药，拒绝咨询，就这么时而暴躁、时而抑郁地僵

持着，有老二陪伴老大，我则找到了渡过平台，利用闲暇时间看群里的聊天，看文章，听讲座，为陪伴孩子找方向、找办法。

老大越来越暴躁，像个行走的炸药包，一言不合就开启打砸模式，等我循着噼里啪啦的打砸声看过去的时候，电脑已经成了一堆废铁。而他手里还举着锤子紧一锤慢一锤地砸着，我站在旁边静静地看着，等他动作慢下来，走过去，看着他因打砸而受伤的手，拿了创口贴给他包扎上，又拿了一个抱枕过去，拍了拍他的肩膀，说："妈妈知道你心里很痛苦、很煎熬，又无法宣泄出来，电脑砸了就砸了，小心别伤着自己，下次难受了就砸这个抱枕好吗？"老大没有回答，看他表情冷静了很多，这场火算是扑灭了。

"炸药包"一言不合就开启爆炸模式，因为一句话瞬间暴怒，老大拉开窗子就要从 7 楼跳下去，我扑过去抱住，他歇斯底里地嚎叫、挣扎着，身高 163 厘米的妈妈在一米八几的儿子面前唯一能做的就是以静制动。我一边轻拍他的后背，一边压低声音安抚，纠缠了几分钟，老大终于安静下来，危机暂时解除。

期末考试，老大考了倒数第一，整夜整夜地睡不着觉，脾气更暴躁了，一不小心就"擦枪走火"，接连砸坏了三扇门，其他被砸坏的小东西更是不计其数。他天天叫嚣着自己"脑子坏了，是行尸走肉，活不到 18 岁"，我只能默默地看着孩子，轻轻地抱着他，心疼不已。

游戏似乎成了他逃避痛苦、释放愤怒的唯一方式，没日没夜地玩游戏，边玩边说脏话，网络断了一下，紧接着就听到他在房间里放声大哭，边哭边喊："不公平，凭啥是我输？"我还没反应过来，就看到他跑到厨房一把抓起菜刀，我不顾一切扑过去夺下菜刀。他扭头回了房间，拉开抽屉，从里面拿出一个明晃晃的东西，往手腕上一划拉，瞬间地板上一摊鲜红。我疯一般扑过去，随手抓住一条丝巾，往他手臂上一扎，又顺手抓起手边的一件衣服，捂住汩汩流血的伤口。

“跟我去医院！”我不由分说，拉他就走。

“不去！”他跟我僵持着。

“必须去！”

看我坚持，老大此时的情绪逐渐冷静下来，跟着我去了医院。

终于，老大从手术室里出来了，医生说缝合很顺利，让我不要担心。看着老大裹满纱布的手臂，我默默地拉着他走出了医院。到了门口，站住，定定地看着他，眼泪无声滑落，语气沉静而严肃：**“儿子，妈妈知道你现在很难，很煎熬，你记住，有困难，妈陪你一起面对！我不可能放弃你！我也不允许你放弃自己！”**我加重了语气，咬牙切齿地把最后两句话从牙缝里挤了出来。

2020 年 8 月，和解

老大控诉我，说在他们小时候我过于严厉，暴怒之下会把他们揍一顿。

我：“是的，儿子，妈妈那时候状态不稳定，脾气暴躁，让你们受了很多委屈。对不起，儿子，妈妈应该向你们道歉。”

看我承认了错误，老大哭了出来。

老大：“妈妈，所有人都说你一个人养大我们兄弟俩不容易，你的原生家庭没有给你支持，你是很辛苦，但没有人看到我们俩的痛苦。”

我：“是的，孩子，你爸爸去世的时候你们还太小，所有的一切都让妈妈措手不及，你俩那时才 4 岁，飘摇破碎的家，没有后盾，没有帮手，身边只有你们兄弟俩。妈妈那时太年轻，处在困局里不知道如何处理关系，不知道如何面对以后的生活。妈妈很烦躁，你俩就成了妈妈情绪的替罪羊。”

母子俩抱着哭成一团。

我接着说：“妈妈也知道自己不正常，为了自我疗愈，吃了两年的中药，又去学习心理咨询师的课程，你看到妈妈身上的变化了吗？”

老大流着泪点点头。

我：“妈妈那时候通过学习能让自己好起来，现在，妈妈每天学习，就是为了陪着你一起面对困难。相信我！”我加重语气，心头掠过一丝凛然之感。

我是这么说，也是这么做的，下班回到家，除了学习就是学习，读书、看文章、听讲座。老大依然状况百出，处理完之后我再继续学习。

2021 年 1 月，进食障碍，暴吃、暴吐、暴怒

抑郁、焦虑未了，老大又发展出了进食障碍，每天放学回到家里就是拼命地吃东西，一锅饭，几盘菜，三下五除二就吃完了，然后跑到洗手间“哇哇”吐个精光，接着点一堆外卖继续吃，继续吐……

马桶上和周边星星点点的呕吐物散发着酸腐的味道。我拼

命打扫卫生，把马桶擦得净亮，即使吐，我儿子也要干干净净地吐！

盛怒之际，我把手机摔了个稀巴烂，手机的质量还真是好，摔个稀巴烂还咕咕叽叽地响了好几天。

我读书读得更起劲了，在录音软件上开了账号，每天边读边录音上传（这么一读，就录了 100 多本书），嗓子哑了就看文章，复制下来整理归类（这一整理，就整理出了 100 多万字的资料）。

2021 年 3 月，木僵

老大看起来更疲惫了，每天拖着腿走路，脑子也不好使，丢三落四，不是丢书包就是丢钥匙，要么就是丢衣服，无助又不甘，嘶吼着。我没有眼泪，默默善后，安抚着孩子，心却在滴血。

能量耗尽，疲惫至极，老大连腿都拖不动了，终于躺倒。

我：“好好睡吧，学校那边的事情交给老妈。”

气若游丝，老大似乎连喘息、睁眼的力气都没有了，这一睡就睡了 6 天。

2021 年 5 月，请家教

老大刚有了点儿生机就说要补课，我在网上给他找了名牌大学生做家教，老大想补哪一科就补哪一科。情绪不好了，我就陪他聊聊疏解情绪；没有专注力，就买了番茄钟锻炼专注力……我像个工具人，孩子想干嘛，我就陪他一起干。

2021 年 7 月，期末考试成绩公布

期末考试之后开家长会，家长会对我来讲就是个过场，学习成绩在我眼里就是浮云，甚至浮云都算不上。

“某某家长来了吗？”我愣了一下，随即扬手示意。

“某某家长，您孩子这次考得很不错，尤其数学成绩，进步非常大，好好培养。”

我狠狠冲老师点了点头，眼睛湿润，内心潸然。成绩不重要，但似乎又很重要，它提示孩子在好转。

谁说我不在乎？我的孩子在乎，我就在乎！他努力、他进步、他高兴，我就高兴！

我给老大发了信息，**告诉他老师在家长会上给了他很高的赞誉，告诉他，妈妈看到了他的苦、他的不屈、他的坚持；告诉他，他是妈妈眼中的英雄；告诉他，妈妈会一直陪着他，他只是一个十几岁的孩子，我被他强悍的性格所折服，他值得！**

2021 年 8 月，体育梦破灭

老大从小学就练体育，初中是特长生，高中依然是特长生，他的梦想是大学考体育院校。高一抑郁之后，仍然没有放弃体育梦，有一丝力气也要拖着腿去学校参加锻炼，即使在肌肉拉伤的情况下依然坚持跑步。我很是心疼，但没有阻拦孩子，唯一能做的似乎只有默默陪伴、默默支持、默默善后，拉伤了带他看医生做康复训练。需要我出面和学校交涉，我便毫不含糊，立马行动。

开学就高三了，老大的运动员二级证还没拿到，他似乎知道自己当下的状态无法走体育这条路，但坚持了那么多年的梦想又

无法割舍。

“妈妈，再过一个月就高三了，但我的运动员二级还没过，我不能高三了还继续锻炼，可是我不走体育，我能走什么呢？”

“是的，儿子，你练了这么多年的体育，到了最后时候却无法继续下去，妈妈相信你肯定很失望、很迷茫。虽然你可能走不了体育院校，但妈妈看到了这么多年的锻炼沉淀在你性格里的体育精神，不屈、坚持、迎难而上，性格是伴随你一辈子的财富，从这个角度来说，你这么多年的体育就没白练。”

接下来，老大回了趟老家，跟姨妈、表姐聊了聊他的失落、迷茫和纠结。回家后，他彻底放下了体育梦，一心一意扑在了学习上。

2021 年 12 月，再次去看医生

9 月，高三，老大的抑郁、焦虑、进食障碍更严重了，身体每况愈下，老大依然不看医生、不咨询。12 月，他的教练联系我，说看到了老大，情况很不好，让我带老大看医生，我说老大不愿意看医生，教练说她来说服老大。

老大终于同意看医生了，挂了北医六院的号，得到一纸诊断：抑郁、焦虑、进食障碍、强迫、偏执、抽动。看着诊断结果，老大愣了，我笑了（心里想：我可不是吓大的！）。我抱了抱老大，拍拍他的后背，轻声而坚毅地说：“妈陪着你。”

接下来吃药，老大每天早、中晚、大把大把地吃药，从一开始的 5 种，最多加到 8 种。抽血检查时，因为孩子太瘦了，皮肤发灰发干，每次抽血都要配合护士往外挤才能抽出血来。化验之

后，各种指标都飙出正常范围。

药，吃还是不吃？似乎陷入了困局，老大时不时发抖、冒汗，几乎晕倒，老师给我打电话，我立马跑到学校把孩子接回家。

吃了三个月的药之后，孩子拒绝服药，自此全面停药。

2022 年 3 月，高三冲刺

面对高考，老大似乎拼了，进食障碍更严重，人更瘦了，一米八几的身高，不足百斤，看起来皮包骨头，没个孩子样儿。我唯一能做的就是陪着他，他怎样我就陪他怎样。他吐得越多，我把马桶擦得越亮。

我从不过问他的成绩，但我会默默关注老师发过来的小程序，小程序上的数字在突飞猛进，我知道这孩子拼命了。

2022 年 6 月，高考

高考之后，兄弟俩都松了口气，记得那天是 9 点出成绩，两兄弟还在睡觉，我一早就起来候着，9 点，成绩出来了，兄弟俩都超了一本线几十分。我把孩子们喊了起来，含泪带笑告诉他们成绩。兄弟俩表情复杂，似乎满意，又似乎不甘。

两个抑郁的孩子，带着症状完成了高中学业，并双双超了一本线。对于我这个妈妈来讲，已经足够了。

接下来，我把成绩告诉了兄弟俩的老师，感谢她们在孩子遇到困难时给予的帮助与支持。感恩，感激。

2022 年 9 月，大一

老大去了一所外省的“211”大学。

高中三年，学业压力最大的三年，也是抗抑郁的三年，老大靠自己的努力逐渐找到了自信和价值感。他似乎有力量克服进食障碍了，开始慢慢长肉，那个皮包骨、皮肤发灰发干的孩子长出了血肉，慢慢有了孩子样儿。

大一是适应期，他的辅导员很热心，向我了解老大之前的情况，问他有没有特长。我告诉辅导员，老大以前是体育特长生，辅导员就推荐他进校队锻炼。

在新环境里，新的人际关系还没有建立起来，老大经常会有孤独之感。每每此时，他就找我聊天，跟我述说在学校发生的事情，我就静静地陪着他、听他说，说着说着，老大的感受逐渐好起来，就同我说“再见”。

我告诉老大：“妈妈把你的好友置顶了，随时等着你。”

慢慢地，老大跟我聊学校的新朋友，聊在学校发生的趣事，聊他加入了什么社团并把他的作品给我看，聊今天跑了多少千米，做了多少力量训练，给我看他的腹肌，聊今天吃了什么饭，聊自己是如何克服进食障碍的……

我听着，笑着，浓浓的温情夹杂着一丝苦涩。我的孩子，我的勇士！

2023 年 9 月至今

那个阳光明媚的男孩儿回来了……

老二弟弟

2020 年 9 月，老二抑郁、自残

6 月，老大被诊断出抑郁，老二自告奋勇提出陪伴哥哥，我以为同龄人之间的沟通更顺畅，陪伴质量会更高一些。

三个月后，也就是 2020 年 9 月，老二变得暴躁、自残。看了医生，被诊断为“抑郁、焦虑”，我的心沉入谷底，短暂消沉之后，马上又调整过来。为了避免进一步相互影响，我把两个孩子分到两个房间住。至此，我开始了一个人陪伴两个抑郁孩子的历程。

老二提出休学，我沉吟了片刻。

我：“儿子，妈妈知道你是个很上进也很有想法的孩子，妈妈相信你做这个决定肯定是有充分理由的，能跟妈妈说说你是怎么想的吗？”

老二沉默无语。

我：“没关系，妈妈跟你一起来整理思路，在学校里基本是几个方面——跟老师的关系、跟同学的关系、学校纪律、学业难度，你觉得是哪方面的原因呢？”

老二：“主要是学校纪律和学业难度，还有，我讨厌老师啰唆个不停。”

我：“哦，这样啊，那我们来看看问题具体体现在哪些方面。”

老二说着，我把问题一一罗列出来。然后分类：哪部分是妈妈可以做的，哪部分是可以向老师争取的，哪部分是老二自己来面对的。

我：“儿子，妈妈有个想法，妈妈觉得在休学之前还可以做

一番尝试，就是向老师争取宽松条件，这样的话，你、老师、妈妈，我们三方共同来面对困难。当然，这只是妈妈的想法而已，毕竟上学是你的事情，是直接休学还是先做一番尝试，你来决定，妈听你的。”

和老二说完，我就上班去了。等我下班回家，老二决定先做一番尝试，之后再看看是否休学。

是该我公关的时候了。

2020 年 10 月，向学校争取支持

老大抑郁之初，我就向班主任发出了求助信号，老大的班主任一口应承下来，全力配合。老二的求援之路却是困难重重。

找到班主任，未果；找年级主任，也未果；最后见到了校长。

见校长那天，我如约来到学校，先是年级主任和我聊，还有教务处的一个领导，接下来是校长、心理老师。校长是一位女士，能量很足，历数老二在学校的种种不良行为，我看着她的眼睛，点头表示我在认真听。

我向她表达了我的歉意，表示孩子出问题，我身为家长有很大的责任，并表示理解老师工作的辛苦，同时也感恩学校之前给予的帮助。但孩子未成年，作为妈妈不忍在孩子遇到困难的时候坐视不管，学校如能支持孩子，我理应支持学校工作；如果老师觉得有些话不好和孩子说，就告诉我，让我来说，为减轻学校的顾虑，我可以做到随叫随到。

校长貌似无话可说了，语气缓和了，态度也温和了，反倒说了很多安慰我的话。我默默地听着，表达我的感谢。

末了，心理老师跟我说了一句："某某妈妈，没想到你小小的身躯有这么大的力量。"

我："我也想逃避，可我是他妈妈啊，孩子又没了爸爸，他有困难，我没资格逃避啊。"

心理老师是位女性，很年轻，没再说话，只是温柔地看着我。

她哪里知道，虽然我表面看似不卑不亢、不紧不慢，但这场会面我抱定了必争的决心。

我争取到了！

有了校长的尚方宝剑，老二在学校的日子好过多了。我加强了和班主任的沟通，力图在老二和学校之间保持一个微妙的平衡。

2020 年 12 月，失恋闹轻生、停药

老二失恋了，自残的照片发了朋友圈，喊着要轻生，老师吓坏了，同学也吓坏了，有个同学怕他出事，气得半夜从家里跑过来要"修理"他。当晚，那个同学就住在了我家里，先是和我一起把老二安顿好，又和我聊了老二在学校里的很多事情，在老二整个康复的过程中，那个孩子给了很大的帮助。

老二从 9 月开始服药，服药后容易犯困，到了 12 月，老二就独自停了药，服药之路至此终结。而我能做的就是加强陪伴。

2021 年 1 月，差点毁容

2020 年 12 月老二停药，加上期末考试的原因，有天晚上老二说头疼，向老师请假，老师说需要家长说一声，我当时手头正

忙着老大的事情，就轻声说了句“不着急，等一下”，老二瞬间发怒：“凭什么哥哥请假就那么利索，到我这里就需要等一下？”老大症状更严重，我平时对老大更关注，却忽略了老二的感受。我还没反应过来，老二就一头撞上了书柜上的玻璃，顿时血流满面，我的第一反应是毁容了，老二也吓坏了，气急败坏地发自拍给老师，问老师可不可以请假，把老师也吓得够呛，哪里还敢不准假呢！

好在伤口在额头和头发里，找了整容科的医生缝合，虽然伤口深，老二终归没有破相。从夜里10点折腾到半夜3点，我终于能喘口气了。

2022年6月，高考

经历过上次“差点毁容”事件之后，我着重培养自己成为“端水大师”。老二断药之后，主要从生活习惯中调整自己的状态，总体还比较稳定，顺利高考，一本，北京高校，如愿进入了自己喜欢的学校和专业。

2022年9月，大一

自从2021年5月老父亲患癌之后，我就经常往返于北京和老家，一边是两个带着症状坚持上学的孩子，一边是时日不多的老父亲。到了老二大一入学时，我正在老家陪着癌症晚期的老父亲，就给了老二一笔钱，让他自己置办住校所需的东西，孩子独立能力比较强，一切靠他自己搞定。

大一入学之后，辅导员注意到老二高中抑郁时自残的伤疤，立马就把老二当成了重点监控对象，辅导员围着老二转，还拉心理老师一起围着老二转。孩子不胜其烦，就把这件事告诉了我，我立马就给辅导员打电话，一来表示对辅导员责任心的认可，二来表达学校当下的处理方式给孩子很大的压力，三来问还有什么样的办法能让学校放下心来。辅导员提出到医院检测，我带着孩子去了医院，之后把测试报告交给学校，此事算是搞定。

2023 年 9 月至今

老二适应良好，总体比较顺利。

我

说完老大和老二，再说说我。在陪伴孩子的过程中，我主要做到了如下几点：

（1）学习，拓宽认知，对抑郁症有更深入的了解，对陪伴孩子多了几分笃定。

（2）眼观鼻，鼻观口，口观心。冷静而又警觉。

（3）抓住孩子状态变化的挣扎期，迅速调整亲子关系，从对抗到结盟，和孩子一起应对困境。

（4）向学校求援。把学校纳入孩子的支持系统中，形成“孩子＋家庭＋学校”三方结盟的态势。

（5）全程做到爱与陪伴，不仅要对症治疗，还要重点发展孩子的适应能力。

（6）对待兄弟俩多倾听，少评判；多谈感受，少谈对错。

看到孩子情绪背后的诉求，孩子被看见了，情绪张力减小，兄弟之争淡下来，兄弟之爱逐渐凸显出来。

写在最后：当下的困境是成长的契机，祝愿所有的家长和孩子早日穿越黑暗，平安、顺遂！

儿子，妈妈知道你现在很难，很煎熬，你记住，有困难，妈陪你一起面对！我不可能放弃你！我也不允许你放弃自己！

父母如何为孩子打造安全基地
——我的知行札记

文 / 笨笨妈

序 扶梯寓言

孩子病了，父母最受累。康复之路从来都很艰难，孩子像在爬高梯，父母则是扶梯子的人，只能抬头看，一刻也不能跑开。

孩子为了测试这个梯子到底稳不稳，会在上面跳啊、摇啊，做出各种危险动作，一边做，一边问："爸爸妈妈，你们扶稳了吗？我可要翻跟头啦！"这时，爸爸妈妈要给孩子一个承诺：**"放心吧，我们都在，我们稳着呢，你跳吧！""我们稳稳扶着，连安全网都撑好了，你掉下来也不怕！"**反复测试后，孩子会越来越放心地向上攀登，直到走出父母的视线，而父母一直都不会松开扶着梯子的手。

这样的父母，他们的所作所为，就是在为孩子打造一个安全基地。

一、表达与倾听

我听过邹峰老师的一期课程“表达即是疗愈”，很受启发。有表达，就有倾听。否则，表达者说的话，没有被听见、被看见、被理解，就像面对空无一人的观众席在表演；还有更糟糕的，观众席虽然有人坐着，但他们在玩手机、睡觉，还有人边听边摇头，不时起身离席——这时，你是不是会觉得失望、无助、不自信等复杂的情绪在心里波澜起伏？

在父母和孩子相处中，这样的场景经常出现。谁表达？谁倾听？邹峰老师说，**是孩子需要疗愈，因此要把表达的舞台留给孩子，父母的职责是做合格的听众，不打断，不走神，不评判，不建议。**因为建议其实也是伪装的评判，暗示对方做得不够好。如印度哲学家克里希那穆提所说：“不带评论的观察是人类智力的最高形式。”

假如孩子说：“妈妈，我想徒步去西藏。”你只需听见：孩子说他想徒步去西藏。如果你做到了倾听，你的所得可能会有：

（1）他最近迷上了西藏。

（2）他想体会一下徒步。

（3）他和我分享了想法，我是被他信任的。

我们需要警惕的是，我们不能不假思索地回应如下：

“你不上学啦？”

“哈哈！希望你能坚持下来！”

“我建议你先坐火车到拉萨。”

“你真是异想天开。”

不仅不要有评判的字眼，连评判的语气都不要有。比如，夸张地瞪大眼睛，看着他说："你居然有这样的想法？"

我的先生曾经多次对女儿追星评头论足，把女儿惹生气后，我先生愤愤不平地说："我难道就不可以说我自己的看法了吗？"大家看，作为父亲，他都会因为自己的观点不被孩子认可而不悦。于是我对先生举例说："你可以就事论事地说，'这个明星今天上热搜啦！'，这是事实。可是，你偏要说'这个明星就是三观不正！'，那就是你自己的观点。"如果我们能分清什么是事实、什么是观点，就能意识到：就事论事和就事论人，这两者给听者的感受是天壤之别。

家长可以表达自己的观点，孩子也可以反驳。有的家长会说："你的认知有问题！"有的家长则会说："是吗？我想听听你的看法。"然后，他把话筒和舞台都交给孩子，自己坐在观众席上。

第一类家长，是专制的家长；第二类家长，是民主的家长。哪一类是孩子喜欢的？每天都有家长问我："看，孩子说了这个，我不知怎么回应。"当我们把关注点放在"我应该教育孩子"的时候，我们的倾听功能是关闭的。还有的家长问："孩子说了那么多，我总要有个回应吧？"他的意思是："我该如何表达'我听见了'？"**如果你真的在听，你的眼神、你的坐姿、你的每个表情都是完美的回应，你的孩子，是会感受到的。并非语言才是回应。恰恰相反，语言的力量往往是最弱的。**

也许会有家长问："难道我就得像哑巴一样？"我的回答

是："好吧，你听过相声吗？如果你非想上台去说点儿什么，你就像郭德纲旁边的于谦一样就行啦。"如果你真的做到倾听孩子，不对他评头论足，不替他担惊受怕，也不想改变他，这就意味着，孩子得到你的理解，就可以用新的眼光看世界，并继续前进……

这真神奇啊！一旦有人倾听，看起来无法解决的问题，就有了解决办法，千头万绪的思路也会变得清晰起来。

二、什么是真正的接纳

我进入渡过家长学堂学习，听的第一节课就是"接纳"。课程内容可归纳总结为："我的心胸无限大，万事万物都可接纳。"

常听到家长问："我的孩子想上学，却动力不足，好想帮他，我该怎么办？"这简单几句问话，却包含多重诉求，需要我们一一理清、接纳：

（1）孩子有上学的渴望——我接纳。

（2）孩子遇到了困难——我接纳。

（3）我想做一个好妈妈——我接纳。

（4）我却不是万能的，在这件事上我帮不了孩子，只能看着——我接纳。

这几重接纳可能会引发一些家长的疑虑："如果只是踩个西瓜皮，滑到哪里算哪里，我们还在这里学什么呢？"是啊！如果接纳真的能解决一切问题，我们生活得那么努力，是图什么？每个成功者的背后，都离不了勇往直前、不畏艰险、永不放弃，接纳就能解决问题吗？但问题是：努力就一定能成功吗？

不一定。成功的因素有很多：大环境、机遇、努力、性格，都会影响成功的概率；而努力，不过是在接纳了其他因素的基础上，创造了更多的机会。我们曾经以为，只要我们努力了，没有做不成的事。人定胜天嘛！事实上，人不可能胜天，人只能顺天。比如，今天下大雨了，我们不能让老天立刻放晴。于是人们造出斗笠、雨伞、雨篷、雨刮器等，让人们生活得更方便——这就是在接纳之后，顺应自然规律所做的努力。

“接纳”这个内容排在第一课，是有深意的。接纳当下，也就是与自己和解，否则，方向不对，努力白费。心仪的鞋子断码了，就去隔壁店买一件漂亮的大衣；常去的面馆歇业了，就去别家吃一碗好吃的米粉；喜欢的人离开了，就好好工作，挣更多的钱。有无数种方式可以让自己开心，也有无数条大路可以通向未来。你会成长，曾经沉迷的东西都会沦为可有可无的消遣。没有什么是不可替代的，除了你自己。

三、感受比事实重要

我们总是担忧孩子犯错、跌倒、走弯路，这是否因为我们自己的旧伤口没有被很好呵护，还是因为我们承受了过多的责备，那些话语还在我们耳边缭绕？这些都会唤起我们不愉快的感受。

感受比事实重要——这个感悟来自我十几岁时和爸爸的一场对话——

我：爸爸，我的手指好辣。

爸爸：切辣椒切的吧？

我：我是切了辣椒。

爸爸：切辣椒经常会辣到手。

我：你看看，我手这里都有点儿红。

爸爸（看了一眼）：对，就是这样。

我：多久会好？

爸爸：半小时吧。

我：我用凉水冲会好吗？

爸爸：当时感觉会好一点儿。

我：为什么会这样？

爸爸：辣椒就是这样。

我：你也被辣过。

爸爸：经常的。

我：然后呢？

爸爸：然后可不能乱摸，摸哪里就辣哪里，摸眼睛辣眼睛，摸鼻子辣鼻子。

我（开心地笑了）：嘻嘻……

这是一场毫无目的，甚至有点絮絮叨叨的对话，但带给我特别温暖的感受。后来，我无数次切辣椒辣到手的时候，都会想起爸爸当时的神情，连火辣辣的感受也变得温柔。

困境中的孩子，想要的往往不是父母快速的解救。恰恰相反，孩子想要成为解决自己的问题的专家。父母的存在、父母的时间、父母的耐心，都能带给孩子良好的感受，从而让孩子一生受益。有很多刚返校的孩子，一次考试后就退缩了。家长很着急：“他又退回原点了！我们现在接纳了、倾听了，他还是复学失败了啊！”如果我们感同身受，会看见孩子在过往的学习经历中，有过太多太多糟糕的感受，好比未得到父母耐心呵护过的伤口，还没有痊愈。因此，当他回到学校，再次拿起考卷时，他心中会涌起什么样的感受？是温柔的力量，还是心有余悸的慌张？

父母存在的意义不是给予孩子舒适和富裕的生活，而是让孩子想到父母时，内心就会充满力量，从而感受到温暖，拥有克服困难的勇气和能力，并由此获得人生真正的乐趣和自由。

四、直面恐惧

在群里看家长聊天，总能看到家长说：

“我怕她坚持打扫几天就放弃了。”

“不知道该不该让他回学校，怕压力大复发。”

“关注她怕她烦，不关注又怕她以为我不爱她、不关心她了。”

“总怕她饿着。”

“怕耽误孩子治疗，从抑郁变成精神分裂。”

于是，这也怕，那也怕，陪伴孩子成了走夜路，到处鬼影幢幢。一害怕，我们就会想：不，我不能那样，我应该如何如何。

于是，恐惧就会控制我们，做出不理性的决定，以免我们的心被恐惧吞噬。这时，我们会松一口气：嘿，我真勇敢，我战胜了恐惧。

真能这样吗？俗话说，怕处有鬼。你刚才做的，只是将魔鬼暂时关在了瓶子里，你并没有战胜恐惧；真相是，恐惧是一种负面情绪，那是一个空瓶子而已，你封印了你的假想敌。

鲁迅说："真的猛士，敢于直面惨淡的人生，敢于正视淋漓的鲜血。这是怎样的哀痛者和幸福者？"来，让我们一起数到三，打开盖子，放魔鬼出来。直视它，问它：你想怎样？你要怎样？

魔鬼（吼着）：我要夺走你心爱的一切。

我：我心爱的东西，无论怎样都会以一种形式存在，你如何夺去？

魔鬼：我诅咒你一事无成。

我：当我看淡了成功与失败时，一事无成又怎样？

魔鬼：我要将灾难降临于你。

我：福兮祸兮，灾难是我的人生体验，一路与我同行。

魔鬼：你就没有什么害怕的吗？

我：当我的欲望可有可无时，得与失、对与错、成与败，都只是一片树叶的两面，你还能用什么来恐吓我？

魔鬼：我会跟着你。

我：是的，我不会再试图赶走你。

面对恐惧的魔鬼，我们会害怕，会哭泣，会手脚颤抖、头皮发麻；但是，我们不会晕死过去。

五、给孩子试错权

父母把孩子的人生课题还给孩子后，孩子往往会更大胆地探索。我们年少时犯过的、没犯过的甚至想都不敢想的错，孩子都会义无反顾地去尝试。这真是个步步惊心的阶段啊！

> 我老是想象一大群小孩儿在一大块麦田里玩一种游戏，有几千个，旁边没人，只有我。我会站在一道破悬崖的边上。我要做的就是抓住每个跑向悬崖的孩子——我是说要是他们跑起来不看方向，我就得从哪儿过来抓住他们。我整天就干那种事，就当个麦田里的守望者得了。（节选自《麦田里的守望者》）

读到这段话时，我抬起头，用湿润的眼睛看了看窗外这个总是充满意外的世界，有惊喜，也有危机。

家长们恨不能把毕生所得都留给孩子，不管是财产还是人生感悟。但所谓天机不可泄露，人生感悟这么高深而玄妙的东西，只可意会，不可言传。

我的孩子休学后，就不刷牙、不戴牙套了。但这是她的人生课题，我提醒她一两次后，就接纳了现实。于是她有一颗牙，一年后很倔强地长歪了，在她的笑容中格外显眼。复学后第一个暑假，孩子说："妈妈，暑假我要重新整牙。"见我没有立刻回应，她又急得大叫说："我后悔了！"我说："我愿意陪你做这件事，但你有没有想过，假如爸爸妈妈不同意，你怎么办？"孩子说："那我也不怪你们，是我自己没有好好坚持；你们不同意，那我用奶奶给我的压岁钱，我自己去整。"

她以前外出游玩，不听我们的建议，坚决要住在朋友家。直到有一次，和朋友闹矛盾，哭着给我打电话说，住在人家家里真的不方便。（多么痛的领悟，笑哭！）

她初尝恋爱的滋味，又哭又笑、争吵和好，半年后对我说："妈妈，我们现在只是普通同学关系了。"我问她有什么感悟，她说，首先是在交往中长了不少见识，其次是发现家境优越的男生比普通家庭的孩子并没有优秀到哪里去，甚至有些缺点很突出，她不再自卑或者不平衡。

孩子在错误中跌跌撞撞，收获了一个又一个属于她自己的人生感悟。

此外还有很多的错误，还在水深火热之中等待涅槃；也还有更多的错误，还在路上。我们就站在悬崖的边上，给他们最后的守护就可以了。

有一天，被守护着的孩子总算长大了，孩子对天使说——要走了。又对天使们说——请你们不要跟着来，这是很讨人嫌的。（节选自《守望的天使》）

哪怕到了那个时候，我们还是会站在原地，永远不会走开。

如果孩子对父母绝对忠诚，那就意味着：孩子的生命将被包在父母的空间内，不可能去创造自己的空间，长此以往，他们就会被束缚；相反，叛逆的孩子，可以更勇敢地去创造自己的空间与规则，世界也将因此不断改变。

六、觉察自我

忙碌了一天，回到家，看见日夜颠倒的孩子还在睡觉。你站在厨房里发愣，这晚饭到底是做还是不做？你学习了很多的理论，明白要先接纳和倾听；你觉得已经胸有成竹，信心满满地去应对，这时孩子对你说："妈妈，我又绝望了。"前一天你和孩子约好看医生，你请好了假，可能还付了钱，到出门的时候，孩子却看着手机慢悠悠地说："我不想去了。"此时的你，心里是不是涌起这样的感受："什么都抵不过手机！不过了！同归于尽算了！"你的眼睛要喷火，你的嘴巴想要骂人，你的手想拍桌子，你的脚想踹门。这些即将喷薄而出的情绪，你觉察到了吗？你讨厌它，不想让它在你的身体里翻滚涌动，是吗？

这时候，你气得发抖，想的却是：我要怎么帮助他？其实，每个人照顾好自己，特别是照顾好自己的负面情绪，就是对别人最大的帮助。这就像疫情期间，我们只要禁足、洗手、戴好口罩、照料好自己，就已经是在帮助别人了。

负面情绪是我们的一部分，它也是很宝贵的。我们也要好好地看见它、听见它、感受它。我们可以回到当下，关注自己的身体，把它描述出来：我的眼睛快要喷火了；我的胸口像塞满了石头，已经不能呼吸；我的手指好像浸在冰水里，动弹不了……总之，允许你的情绪存在，感受它，描述它，而不是非要做点儿什么驱逐它。

在美剧里，我们常常可以看到这样的情节：一个人在快要爆发的时候，拿出一个纸袋，大口地往里面吐气，直到纸袋撑满。在渡过家长学堂，老师也教过类似的方法——正念呼吸、"478"呼吸法、数呼吸等。对我来说，每当我做正念呼吸时，我的灵魂仿佛回到了身体；我像一棵植物，做着最简单、最本能，却最能维持生命的呼吸动作，我能感到血液又开始循环了。

然后我走进厨房，轻轻捶捶胸口，好像在给自己做心肺复苏；我擦掉了眼角的泪——它刚才还是火，戴上耳机，找出自己最喜欢的歌，按下单曲循环。刚才，我和我宝贵的负面情绪，共度了一个时刻；我想今后还会有很多机会和它共处的，我会好好地照顾它。

这时候，奇妙的事发生了——孩子来到你身边，问："妈妈，晚上吃啥？"而此时已经平静下来的你，语气轻快地回答："你喜欢的红烧排骨。"

要像树和动物一样，去面对黑暗、暴风雨、饥饿、愚弄、意外和挫折。

七、有求必应，如何应

老师讲的陪伴孩子的原则中有这样一句话，"有求必应，无求不扰"。

很多家长对“有求必应”有疑问：孩子再怎么胡闹，我也要满足他吗？孩子会不会得寸进尺？这些问题你会当面问孩子吗？显然不会。因为这些问题的背景色，是你的“评判”和“不信任”。你的情绪，孩子能感受到。这时，就算你满足了孩子的要求，你那份勉强、委屈和不情愿，已经大大抵消了孩子的快乐；你是出于无奈而妥协的，孩子内心的需求没有真正被理解。

有的家长来问我：“孩子说电脑太卡，要花 1 万多块钱买新电脑，买还是不买？”我说：“其实，只要你是高兴的，买与不买都行。”家长说：“不买吧，怕他发脾气；买了吧，怕他更加沉迷。”我说：“你看，买与不买，你都是不高兴的。孩子提出需求时，不管是运动鞋，还是给游戏充值，你的内心都会下意识掏出评判的黄牌，而忘记了曾经的承诺，‘不管你做什么决定，爸爸妈妈都会支持你’。”

这时，你的不满情绪迅速占了上风，但一想到说过“有求必应”，只好不痛快地掏钱满足，同时不忘将自己的情绪渲染一下，好让孩子察觉到自己的要求多么不合理，看看妈妈有多难！这是和孩子共情吗？其实倒过来了——你是在向孩子传递，此刻的你需要共情，因为你为满足孩子受了委屈。

共情，重在“情”字，是情绪、是感受。有求必应，是回应，不是答应。

孩子提出的要求，我们不去评判“合理”或“不合理”，而分为“愿意满足”和“不愿意满足”。能满足的，就痛快满足，只为了孩子久违的笑脸；不能满足的，我们也要给予回应：“孩子，你值得拥有一双运动鞋，并不是你的要求不对，问题在我，是我舍不得，因为我还想换车。如果孩子你能理解，妈妈会感谢你对家的付出。”

孩子毕竟是孩子，或许他会因为失望而闷闷不乐，会气愤发怒。对此我们要看见和理解，他还做不到那么豁达大度，他这一刻的情绪是合理的；给孩子，也给我们自己一点儿时间，让孩子的情绪在我们的容器里合理流淌一会儿。我们自己也会难过，但我们不能出尔反尔，要想做点儿什么去平复孩子的情绪。因为从情绪中复原，这是孩子的人生课题。是还是非，对还是错，其实都不重要。重要的是，孩子的所有感受，好的坏的，在爸爸妈妈这里都是被允许的。

八、作为人生课题的分离

在这个世界上，所有的爱都是为了相聚，只有母爱是为了分离。

孩子和母亲的一生，有好几次的分离。出生时，母亲宫缩阵痛，娩出婴儿，医生剪断脐带，这是第一次分离。据说，分娩时的疼痛达到了十二级。断奶是第二次分离，母子饱受思念之苦；孩子因为不适应而哇哇大哭，母亲一边忍受乳房的胀痛，一边听着孩子的哭声，心痛落泪。第三次分离——青春期到来了，孩子不想再做我们的“宝宝”，不再需要我们指路，宁可在充满迷雾和荆棘的道路上摸爬滚打，也要将我们的叮咛和关爱抛在身后。我们看着孩子渐渐失去了浅显的快乐，变得沉默和痛苦，我们自己感受到的痛苦却是他们的百倍！分离总是一次比一次更痛苦，但是每一次痛苦分离都是为了成长。

以下对话在社群讨论中是经常出现的。

家长：孩子9月就要复学了，还整天捧着手机，真怕到时候跟不上进度。

我：复学后跟不上学习进度，你接受吗？

家长（愣了一下）：我当然接受，就怕他自己接受不了。

我：然后呢？

家长：怕他再次崩溃。

我：再次崩溃，退回家里来，又要经历一次痛苦？

家长提问的每句话里，都有一个“怕”字，最终指向——“我怕我自己到时候承受不了那种痛苦”。

复学后，孩子要面临的关口有：复学的新环境、跟不上进度的焦急、名次落后的打击，等等。**孩子需要的课题是：身处痛苦中如何站起，如何接纳现状，不接纳如何想办法寻求帮助，如何换个思路弯道超车……而家长此时的课题是：直面自己的恐惧，承受自己的心疼。**

家长：他太难了！我想帮他啊！

我（笑了）：家长相信只要自己出手，孩子的困难都是浮云。

我：你帮了他之后，功劳算谁的？

家长（毫不犹豫地）：算他的！

这就是我们的家长——无所不能，愿意代劳孩子的一切痛苦和纠结。这样帮助孩子解决困难，到底满足了谁的需要？这其实是家长为了完成自己的人生课题——成为一个好母亲，而不惜插手孩子的人生课题。

父母和孩子，各有各的课题。人，生来自由，有选择自己人生的权利。有些光阴，孩子一定要亲自浪费；有些痛苦，孩子一定要亲身经历；有些纠结，孩子一定要亲自抉择；有些后悔，孩子一定要自己体会，并铭记一生……这些是孩子人生的必修课。如果不让他独立完成，他会在 25 岁、35 岁、45 岁甚至更久之后，来补上这节课。

父母的课题是什么？是维护好让孩子停靠的“车站”。孩子的课题是什么？是自我成长、自我修复、自我完善。

当孩子在磕磕绊绊、遭受挫折时，不要插手他的课题，保持祝福和耐心，用“不打扰”来表达你那无法言表的爱。当孩子受了伤、需要保养、需要加油、需要充电，回到“车站”的时候，父母问问自己：“我有没有做好我自己的课题？”

最后，用我喜欢的一本书《被讨厌的勇气》中的一句话，作为本文的结尾：“可以把马带到水边，但不能强迫其喝水。”

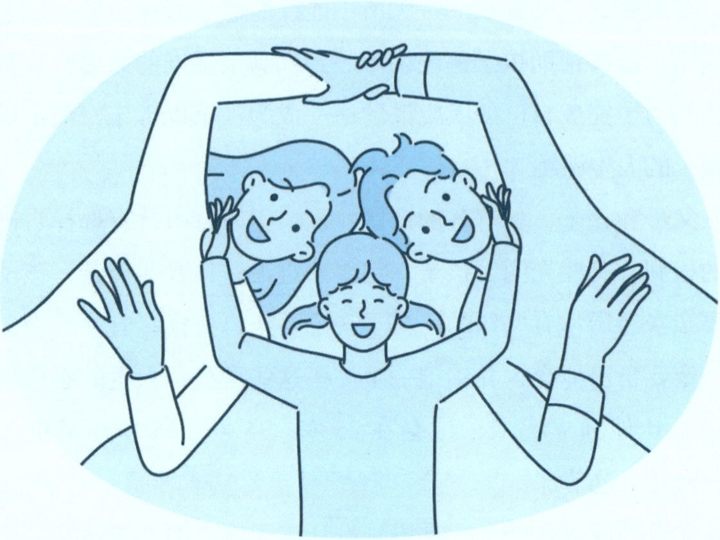

父母和孩子，各有各的课题。人，生来自由，有选择自己人生的权利。有些光阴，孩子一定要亲手浪费；有些痛苦，孩子一定要亲身经历；有些纠结，孩子一定要亲自抉择；有些后悔，孩子一定要自己体会，并铭记一生……这些是孩子人生的必修课。如果不让他独立完成，他会在 25 岁、35 岁、45 岁甚至更久之后，来补上这节课。

从熬日子到过日子

——陪伴一双女儿数年，母亲的心境变化

文 / 路过人间

如果自我介绍的话，我可以说出两个版本，当然前提都是作为妈妈。其一，拥有一对 21 岁的双胞胎女儿，都是大学在读，夫妻恩爱，女儿孝顺，家庭和睦。从这一个版本来看，它是一个多么让人羡慕的家庭！而同样是这个家庭，其二，姐姐肢体残疾、重度抑郁，妹妹情绪障碍，均在治疗，这样的家庭，又让多少人唏嘘不已！两年来，我和大多数妈妈一样，也曾绝望地流不出一滴眼泪；也曾夜不能寐，苦苦思索为什么会这样；也曾对孩子有抱怨、有心疼、有嫌弃、有怜悯；也曾四处寻找各种挽救孩子的良方……

终于，两年后的今天，在走过从日出熬到日落的艰难岁月后，我看到了踏出谷底的那抹亮光，虽然还不够灿烂、不够强烈，但依然带给我希望和力量，尤其想到那些让我温暖舒缓的一个个美好瞬间……

一、艰难曲折的成长历程

2019 年是女儿考上大学的第一年，回忆她们 18 年的成长历程，我百感交集。因早产，姐姐 1 岁多确诊脑瘫，之后几年除了治疗，就是在家做康复训练，每天要做五六个小时，无法和妹妹去幼儿园，直到上学前班，姐妹俩才开始在同一个班级。为了照顾姐姐，妹妹从小就有了强烈的责任感。

上了初中，两个人分在不同班级，那三年是姐姐最苦的日子，经历同学、老师的歧视和不公平待遇，遭遇校园暴力，学习成绩下滑，自卑心理令她内心扭曲。高中阶段，姐妹俩有幸再次分在同一班级、同一宿舍，两人的关系也是既亲密又复杂微妙的。三年的时光艰难而充实，虽然我有时望女成龙心切，也会责怪她们“不够努力”，可平心而论，能挨下“早五晚十”的校园生活，这本身就是努力的证明。

终于，姐妹俩顺利考上本科，一向逆反任性的姐姐如愿去了外省海滨城市，离家五百公里。于是每天晚上，开启一家三地的视频会议，听着女儿或抱怨或“傲娇”的碎碎念，我以为操心的日子自此结束了，多年的付出该换来她们成熟懂事的回报了。

二、坠入深渊

我意识到姐姐有问题，是 2020 年上半年疫情期间在家上网课的时候，因为她和一个网上认识的朋友闹翻了，情绪低落，日夜颠倒。在当地心理科问诊后，医生肯定地告诉我，她不是抑郁症，只是严重自卑所致，也许这正是自己想要的结果，我立马就相信了。升入大二后，姐妹俩按部就班地生活，偶尔听她们抱怨自己情绪不好，不过我早已习以为常。十一放假，姐姐说去医院做了检查，显示有焦虑、抑郁情绪，医生给开了药正在服用，只是拉肚子厉害。因为不相信她所在城市的医疗水平，我就赶紧去学校接她，只是一个多月不见，原本开朗健谈的姐姐变得沉默寡言，没有一丝生气。

求医的那些天，每一刻都是步步惊心。带姐姐去北京看专家，诊断书上写着抑郁状态。开药回家后的一个小时，姐姐吞药，送急诊，洗胃，进了重症监护室。出院后再次进京做昂贵的心理咨询，其间割腕自残。11 月中旬，姐姐要求回学校准备四级考试，无奈之下，我开始租房陪读生活。20 天后，痛苦不堪的姐姐再也坚持不下去了，同意回家接受治疗。12 月 24 日，姐姐入住北京专科医院，一住就是 50 天。出院后，妹妹时刻陪伴在姐姐身边。因为接受无抽搐电休克治疗（MECT），姐姐忘了很多事，曾经伶牙俐齿的她变得木讷了，并且因为药物的原因姐姐每晚 8 点多就入睡，妹妹只能一个人呆坐着，泪流不止，为姐姐的未来，为父母的艰辛，为自己的孤独……

2021 年整个上半年，姐姐一直休学在家，因为医嘱要求 24 小时陪护，所以爸爸妈妈、爷爷奶奶轮流陪伴，姐姐经历了减药加药、烦躁自残、冲动执拗的多种体验，情绪渐趋稳定，当年 9 月返校重读大二，我也提前结束了自己的职业生涯，专心陪读。妹妹虽然上学，但少了姐姐这个从小到大的玩伴和精神支柱，加上恋爱受挫，情绪也时常低落，于是我在 2021 年带妹妹就诊，无果，2022 年暑假再次检查，妹妹开始服药治疗。

两年的时间，已经不记得经历了多少次绝望无助……姐姐的体重从住院时的 55 千克，一年后飙升至 85 千克，本就行动不便，这下几乎生活不能自理，起床、穿衣、如厕都不能独立完成，药物最大量时每天要睡 16 个小时，至于学习就不用谈了；妹妹则因为情绪的困扰，加上胃病，体重一度低至 48 千克，无法正常作息、学习，放弃考试逃回家中，不敢接老师电话，不敢回复信息。

分隔千里的家庭，熬着日子，苦等着每一个寒暑假的短暂相聚。

三、苦尽甘来，曙光初现

日子是一天天熬过来的，回头看却是光阴倏忽。**记忆中最容易忘却的就是苦吧，而记得最牢的则是那些点点滴滴的美好与温暖。**

最焦虑无力时，我也像女儿一样急于找人倾诉，期盼着从别人那里得到支持、得到力量、得到救赎，我曾经翻着手机里的通讯录，甚至联系了几十年前的同学、早已退休的老同事们，当然绝大多数仅仅是打了一次交道。**而帮我度过那些难熬岁月的，更多的是爱人、姐妹和好友，他们可以每时每刻地陪伴、倾听、无尽包容，让我知道我不是一个人在战斗。**

给我起到精神支撑的还有学校里陌生的老师们，因为陪读，我接触到姐姐学校的一些老师，她们年轻、热心、善良。还没结婚的辅导员积极给身在外地的我们租房子；口语老师和孩子在线上用英文沟通，帮助孩子增强自信；为了让孩子参加酷爱的合唱比赛，学院领导亲自扶她上梯形台阶……这些善举让孤独无助的我一次次有了坚持下去的动力。

那些微不足道的力量聚集起来就是绚丽的火把，渡过平台于我就是这样一个存在。从不认为自己是个好学生，我只是时时在群里“泡”着，时不时听着公益课，且学且忘，碎片式吸收专业知识，了解众多孩子和家庭。意识到自己的变化是来自他人的夸赞：“你越来越稳了”“你变得‘佛系’了啊”“你的话对我很有帮助”“你越来越通透了”……的确，不知不觉中，我感觉自己的痛苦不再那么刻骨了。

而我真正重视的人，从来没有让我失望。失望的是我自己的心态和情绪，甚至可以说是认知。姐姐心里一直是想着我的，只是不愿意表达，偶尔在我帮她时，轻声地说“难为你了”，也会在聊天时不经意说句“其实我最对不起的人是你”，即便在我对她咆哮时，她依然淡淡地说“咱俩都不容易，互相体谅吧”；而细腻的妹妹会在清明时节给我发来信息：“妈妈，此时你也会想念你的妈妈吧！”“这么多年，您支撑咱们这个家好辛苦呀！”每每这个时候，早已哭干眼泪的我就会难得流下汹涌的泪水，让情感尽情宣泄。

曾以为群里能够做到通透的妈妈，肯定是因为孩子已经痊愈，而了解深了，学习多了，才知道其实不然。**不是“心由境转”，而是“境由心转”**。就像我，虽然女儿离康复还有很长的路要走，但我的心态已然发生了变化，**我清楚看到她们的进步、她们的努力、她们的无奈，即便理解不了也能做到尊重**。我也深深感受到，眼下的陪伴不再是我单方面的给予，同样也是孩子在陪我成长，陪我走在离苦得乐的修行路上。

不是“心由境转”，而是“境由心转”。就像我，虽然女儿离康复还有很长的路要走，但我的心态已然发生了变化，我清楚看到她们的进步、她们的努力、她们的无奈，即便理解不了也能做到尊重。我也深深感受到，眼下的陪伴不再是我单方面的给予，同样也是孩子在陪我成长，陪我走在离苦得乐的修行路上。

作为父母，如何理解与陪伴孩子

文 / 芳草依依

儿子马上要上大三了，这几年的大学生活，没让我操一点儿心。学校里的事自己安排得井井有条，该考的证书都按部就班地报考了；和同学相处融洽，有几个关系要好的朋友；在学校里参加自己喜欢的活动，演讲还得了证书。生活里也更懂得关爱家人，妈妈生日时，再晚也要赶回家给妈妈买个生日蛋糕；爸爸生日时，一大早给爸爸发红包，父亲节还亲手给爸爸准备了丰盛的晚餐……我们一起走出了抑郁、焦虑，生活又恢复了温馨美好，甚至比从前更美好。

在我做陪伴者的过程中，常有家长问我，作为父母，如何理解与陪伴孩子。我就梳理一下我们的过往经历，希望能给迷茫中的伙伴一些启发（深刻地记得张进老师的话——**“不知道谁会借着你的光走出黑暗”**）。

我就从以下三个方面总结自己如何理解和陪伴孩子吧。

一、理解他的生活方式

说起理解孩子，我觉得有一个词是我绕不过去的，就是“尊重”。在学习的过程中，我接触到了一个词——“边界”，对孩子的尊重，对他人的尊重，就是出于一个人的自我边界感，不随意干涉别人的事。在我自己从小所受的教育中，边界感是模糊的，尊重是相对长辈、朋友、领导和权威人士的，大人对孩子是不谈尊重的。我要求你这样做是为了你好，你不听我的就是你不懂事。我在这样的环境里长大，真的不知道对于孩子来说，他更希望得到尊重。通过学习，我真的一下子明白了什么才是真正的尊重。

有了尊重以后，我允许孩子按他自己的喜好来，然后才真正地放下了评判，试着体会孩子黑白颠倒，整天拉着窗帘不见天日，几个月里不洗脸、不洗澡、不理发，每天只吃一顿饭的生活方式背后的感受。这是他对自己不能去上学的攻击，是他对未来的绝望，是他深深的无力感与无价值感的体现，是他自我攻击、深深内耗导致的没有能量。从这之后，我才有了对孩子的理解。

当看到孩子这样的生活方式时，我也是焦虑的，我迫切地希望孩子恢复正常。但我理解孩子的无奈，不是他不想好，是他无力做得更好。我往孩子身上用力，帮不了孩子，只能加重他的自责，或者在重压之下加剧对抗。我能做的只有做好自己。这得益于我报课学习，在渡过这个大家庭里，我找到学习小组里的伙伴诉说来释放焦虑，梳理自己的恐惧。每个焦虑的伙伴也都是我的镜子，旁观者清，让我能够通过别人的故事反思自己。

二、理解他的处事方式

通过理解和接纳孩子的生活方式，我的焦虑度下降了很多，开始有余力去理解孩子的处事方式。比如，他不出门，可能是他安全感不足。别人都在上学，他出现在哪里都担心别人有异样的眼光；谁和谁小声说点儿什么，他都觉得那是对他的指指点点。他关着房门不出来，与我们隔着门说话，是他觉得只有这扇门能替他挡住外界的伤害。

当我理解了孩子的时候，心里升起的是心疼。于是我不再为了一心达到自己的目的拉着他去参加活动，去运动锻炼，去做心理咨询。我在出门锻炼时会告诉他，我要出门了，这是家人互相报备行踪，是对他的尊重。我也会邀请他一起去，和他说路上买点儿好吃的。他说不去，我也是愉快地说“那好吧，我走了”。现在想来，**那一刻，其实传递给孩子的是接纳，接纳他目前出不了门的状态；是允许，允许他按自己的方式做决定；是赋能，让他可以决定自己的事，对自己有掌控感。**在这种理解之下，孩子经历了第一次独自出门去陌生城市见网友，然后陆陆续续能出门旅行，到六年后的今天能自己找私人教练学习健身方法，办健身卡坚持运动。

三、理解他做出的选择

最后说起如何理解孩子的选择。儿子第一年休学结束后，复学失败，我们一度被迫接受孩子不能上学的事实，上不了就不上了吧，毕竟，健康地活着更重要，但也留了一点儿机会，又申请了一年休学。那时，我还没有缘分进入渡过平台学习，对孩子上学的事基本放弃了。这是被迫接受孩子的选择。估计孩子那时也不再用非得上学压着自己了，而是开始思考以后要干什么养活自己。于是他就增加了走出家门的概率，去了几个不同的城市旅行，偶尔干一份短工。我记得邹峰老师说过一句话，一切发生的事都是好事，如果还不是好事，那就是还没到最后。

疫情来了后，我们被迫关在家里，无所事事之下，我报了“非暴力沟通家长训练营”，也就是现在的“亲子沟通训练营”。学习，为我打开了走出痛苦的门，我开始向内看自己。察觉到自己老是控制不住自己，一看到孩子黑白颠倒，整天躺在床上玩手机，就容易着急，原来是出于我自己的焦虑，我自己对未来的恐惧。我开始吸收知识，认真每天读书打卡，自我成长。孩子也能一点点地感受到我的变化，感受到我真的不再给他压力，不再觉得只有他考上好大学，找到好工作，我才能幸福。同时在他看了外面的世界，体验到打短工时动手操作不是自己擅长的，冷静分析之后，他自己又提出了要考大学。经过他查阅资料、反复衡量，我们决定转学到一所环境稍微宽松些的学校。那时的我已经能理解孩子是在为自己的未来而努力，转学是为了离开学校两年以后能适应学校生活。有了这份理解，在转学的重重困难之中，我们一家人才能一起想办法，一起找各种机会尝试着去为不可能努力，终于去了那所孩子觉得适合自己，但校方因孩子抑郁过拒绝接收的学校。**因为理解，一家人心向一处，难，也不觉得挫败和绝望，也不再抱怨不公，不再有病耻感。**

事实证明，孩子自己选的学校确实适合他，他也顺利度过了复学之初的艰难调整和人际适应。这也让我更加明白，**尊重孩子的选择才是对孩子最大的帮助，只有他才知道什么适合自己。**接下来的两年高中生活，虽然也是磕磕绊绊，也很“费妈”，却没有打过退堂鼓。2022 年高考时，孩子超常发挥考上了一所“211”院校，从此，踏上坦途。

分享这些，真的想告诉伙伴们，只有我们自己相信会好，生活才真的会变好。我们改变不了环境，改变不了别人，能改变的只有我们自己，成长的路径就是持续不断地深入学习，加油吧，有那么多人和我们一起！

有了尊重以后，我允许孩子按他自己的喜好来，然后才真正地放下了评判，试着体会孩子黑白颠倒，整天拉着窗帘不见天日，几个月里不洗脸、不洗澡、不理发，每天只吃一顿饭的生活方式背后的感受。这是他对自己不能去上学的攻击，是他对未来的绝望，是他深深的无力感与无价值感的体现，是他自我攻击、深深内耗导致的没有能量。从这之后，才有了我对孩子的理解。

[专家点评]

母亲的功能

文 / 邹峰

> 邹峰，渡过星级陪伴者，亲子关系咨询师。渡过亲子营联合发起人，休学青少年线下共居项目发起人，连续 7 年参加渡过亲子营活动，陪伴过上千位家长与青少年。深受孩子们喜欢，致力于做孩子的“嘴替”，帮助家长更好地理解孩子。

看完几位妈妈的分享文章，我的心中无限感慨。因为对于心理学和心理咨询，我其实是个半路出家的爱好者，正是通过在社群里向这些妈妈学习，我才成长为一名咨询师。

由于过往的经历，我从年轻的时候一直对抑郁和抑郁康复感兴趣，而且也有陪伴同事走出抑郁的经历。2018 年春天，张进老师发起了“渡过陪伴者计划”，需要招募首批陪伴者，因为兴趣和过往经历，我毫不犹豫报了名。

在陪伴者计划慢慢实施的过程中，渡过读者群也出现了一个特别的情况，那就是加入读者群的人里面，有大量的是抑郁休学孩子的家长，而不是患者本人。所以，很快这部分群友被独立出来拉到了渡过家长群。我被渡过社群负责人拉进了一些家长群，开始和家长们互动，这就是我向妈妈们学习心理学的开始。

从 2018 年到现在，我接触到了大量的家长和孩子，特别是接触到了大量的妈妈。她们对孩子的不离不弃，对孩子从不理解到理解，咬牙坚持、互相疗愈的故事，让人唏嘘不已。

这让我想起了英国儿科医生温尼科特。他通过陪伴和观察母婴之间的互动和依恋，在古典精神分析的基础上，发展出了一套独特的心理学理论。他对人性的理解充满了温暖和阳光，被誉为“最有温度的心理学家”。特别是他关于退行的理解，是我非常认同的理念之一，同时也是重要的理论资源，我认为特别适合用于解决青少年情绪和亲子关系的种种问题。

温尼科特通过在儿科病房里观察新生儿和母亲之间的互动，研究和发展他的心理学说。在某种层面上，说得夸张一点的话，温尼科特和我一样，也是通过向妈妈们学习成长起来的。

这一章的主题是“接纳与陪伴”，下面我就借着这个主题聊一些我的收获和感悟。

人类都是早产儿，所以每个婴儿都得依赖于母亲的照顾才能活下来。人类在进化过程中首先实现了直立行走，直立意味着人体可以支撑更重的大脑，加上直立带来手和脚的分工，手变得越来越精细灵活，种种原因导致人类越来越聪明，脑袋也越来越大。同时为了方便在丛林中奔跑，人的骨盆变得越来越小。脑袋变大，骨盆变小，带来的一个直接后果就是：如果让胎儿发育完整，足月生产，就会导致胎儿的脑袋被卡住生不下来。所以人类为了生存下来，只能采取早产的策略。所以，我们每个人都是早产儿。

相比其他哺乳类动物，因为早产，人类的幼崽生下来后完全无法站立行走，更没有独立生存的能力，只能完全依靠母亲的照顾和喂养。如果一个婴儿被母亲抛弃，那么就意味着死亡，**所以我们每个人内心最大的恐惧就是：妈妈不要我了。**

所有的心理问题，都可以看成是不安全感导致的。青少年的情绪问题，最核心的问题都是焦虑。有位找我咨询的妈妈说，她的孩子抑郁休学，她自己也有明显的抑郁和焦虑，在咨询结束的时候，她颇有感慨地说道："邹老师我算是看明白了，所有的心理问题，原来都可以统称为'缺爱综合征'。"

精神分析认为，婴儿刚刚诞生的时候，需要母亲全心全意地照顾。母亲要尽可能快速又准确地满足婴儿的各种需求，让婴儿有一种上帝般的全能感。温尼科特发明了一个词叫"原初母性灌注"。他认为，一个婴儿在他的生命之初需要被母性充分地灌注，他的全能感被充分满足，这样在今后的岁月里，这个人才有安全感，才不那么容易焦虑。

而婴儿的全能感就是：**"我是这个世界的中心，全世界都是围着我转的，所有人都是为我服务的，妈妈就是我的一部分。"**显然，这种全能感不是真相，所以婴儿的全能自恋在被充分满足后，又需要被彻底破除。

但是如何破除又很关键，因为破除的过程就是崩溃的过程，就是受伤的过程。温尼科特引用了科胡特的一个概念，叫作"恰到好处的挫折"。大概的意思是，婴儿需要在母亲的帮助下，经历一次次挫折，每一次挫折都会带来全能自恋感的破碎，但是又不会造成太严重的创伤。母亲在婴儿几乎彻底崩溃的时候，及时地出现并且安慰孩子："别怕，妈妈在这里，妈妈不会不要你的。"这样的妈妈，被温尼科特叫作"足够好的妈妈"。

所以，一个心理健康、有足够安全感的人，他的全能自恋既需要被充分满足，又需要被彻底破除，同时不会在他内心留下严重的创伤。这两个过程，显然都离不开母亲。而且，他的全能自恋越是被充分满足，就越容易被破除又不留下创伤。

温尼科特认为，所有的心理问题都可以通过退行来解决。也就是说，一个缺乏安全感、严重焦虑的孩子，不管他的具体症状是什么，焦虑的点是什么，都可以通过退行到学龄前，甚至退到几个月大的方式来解决。这个时候，母亲的作用就太重要了，母亲既需要帮助孩子弥补缺失的安全感，满足孩子的全能自恋，又需要帮助孩子把这种全能自恋彻底破除。

不少休学孩子的内心其实都有个最大的疑问："如果我真的好不了了，真的成了一个废人，妈妈会不会不要我了？"**而妈妈的任务，就是用自己的行动和坚定的态度，让孩子确信："无论发生什么情况，妈妈都爱我，永远不会抛弃我。"**这个时候，孩子就彻底有了安全感，不会有那种突如其来的惊恐，对未来的不确定性就没有那么焦虑了，就敢于面对工作、学习中的各种挑战了。

在我看来，家长的任务不是引导和教育，而是接纳和陪伴。**爱就是放下所有的期待，接纳真实的孩子。期待是如我所愿，接纳是如其所是。**

我相信，写文章分享的这些妈妈，都已经做到了真正的接纳和陪伴，我也从她们那里真切地感受到了、学到了，谢谢你们！

第三篇

转折与突破

当我们内心不再恐惧痛苦时，我们将发现，多大的痛都会化成内心的力量。

当我们内心不再害怕黑暗时，我们将发现，多弱的光都会点燃内心的希望。

——张鹏飞

青春礼给亲爱的女儿*

文 / 雨霁

亲爱的女儿：

今天是你 14 岁青春礼的日子，从去年 9 月复学转眼已近一年。你挽着妈妈的手臂，比妈妈还高出半头，妈妈都可以倚在你的肩头上了。每当此时，妈妈都忍不住感慨，当初襁褓中的婴儿已经长成一个大姑娘了，真是时光飞逝啊，而你总是说“妈妈，你又来了”。

我们之间并非都是这温馨的瞬间，你进入初中重点班以后成绩跟不上，妈妈抱怨你不够努力，对你卷面上的错题发过怒，陪你赶作业时反复地催，直到你崩溃。当你说起班里没有好朋友时，我说只要成绩好，好朋友自来，给你报了很多个培训班，以为这样什么都可以解决了，完全忽略了你内心的感受，后来可想而知是更多的失望与冲突。

---

* 这是 2024 年学校举办青春礼时父母和孩子双方互写的信，回顾了七年级下学期孩子休学，妈妈陪孩子一起走出困境的感悟。

犹记得去年此时你休学在家的日子，许多艰难的时刻历历在目。你常常窝在家里不肯出门，害怕遇见熟人问你为什么不去上学，一整天“泡”在网上，黑白颠倒，手腕上划出一道道的血痕，困在想上学又无力上学的处境里，经常把跳楼挂在嘴边。妈妈常常惊慌失措，喊爸爸来安抚你的情绪，我们轮流在家陪你，以免发生意外。我更无所适从，崩溃得寝食难安，常常用出差来逃避现实，理发时理发师说妈妈头发掉了一大块，去看医生，医生说是斑秃，焦虑所致，没有灵丹妙药，只能自己调整压力，不然还会有更多脱落。惶惶不安的我深深地反思：为何是现在的局面，为何乖巧的女儿这么痛苦？必须想办法改变这个局面。**妈妈开始自己先去找心理咨询师，稳定情绪，学会接纳这突如其来的变故，接纳你的恐惧、你的痛苦、你的厌学。**在病急乱投医中，又找到了渡过社群，加入了互助群，从群里学习了解青春期的发展特点，了解休学背后的心理学和动力学因素，了解了休学有社会环境、家庭、学校和个人气质等多方面的综合原因。

那几个月，我几乎天天“泡”在社群里，听了无数场讲座和直播，参加了好几期家长课堂，看了几十本关于心灵成长的书，原来妈妈的知识那么欠缺。学习后汲取了很多力量，我终于理解了你成长过程中的许多烦恼，包括人际关系中的许多困惑。你渐渐地愿意走出家门，我们一起“打卡”美食店、展览馆和游乐场，去醉翁亭、重庆，看不同的风土人情，遍尝美食。你的笑脸明显多了起来，愿意和我们打开心扉，讨论许多话题，我们常常聊起：为什么要学习，人生的意义是什么，如何与朋友相处，以后想要什么样的生活，遇到困难我们该怎么去面对，等等。我也看到了你在尝试着改变，主动接受心理咨询，开始写日记，把烦恼写出来厘清思路等。你还邀请妈妈一起看喜欢的动漫，我抱着寻求更多共同语言的心态，尝试着和你一起看了《魔法少女小圆》，原来你推荐的动漫这么好看，后来便一发不可收。又陆续看了《孤独摇滚》《紫罗兰永恒花园》《跃动青春》等。

一部部看似少女风格的动漫，其中蕴含着爱、冲突、挑战和突破的深刻主题。魔法少女们为了实现自己的愿望，不惜用灵魂签署契约，在魔法与结界的轮回中不断挑战自己，最终魔法少女小圆用大爱和无私打破了结界的魔咒；内向孤僻的后藤独，用一把吉他突破社交障碍，结交了一帮乐队知音；战火后的薇尔莉特，为寻求爱的真谛，通过代写书信，触碰到形形色色的委托人内心深处的真实情感，有所领悟并走出爱的困局；从乡下独自来东京求学的小镇做题家岩仓美津未，保持本真的她从格格不入到与各种不同性格的同学逐渐交叠，相遇、相知，收获了同学们的喜爱和友情；冈崎朋也，一位因家庭变故混迹在高中的不良少年，在结识和帮助古河渚的过程中，展现了热心和有担当的本性，并找到自己的价值；还有我和女儿都喜欢的立希，这是一个温柔、外冷内热、不擅交际、性子直、自卑、喜欢一人独处的好女孩……

每一个动漫故事和人物都有一段跌宕起伏的人生，就犹如当下的我们，在成长中总会遇到沟沟坎坎，有欣喜、有煎熬、有阳光、有眼泪，也会有温暖与孤独。我们每看一集都会热烈地讨论着人物的命运和感触，从看别人的人生来反观自己，妈妈感受到了你内心对突破和改变的渴望。妈妈原来对动漫的理解太狭隘了，或者说隐含着对你的不信任，担心动漫中可能充斥的不良信息会影响到你。其实，你的三观很正，你通过动漫一直在学习和探索，吸取精华，剔其糟粕，不去触碰那些不良主题，妈妈真是多虑了。

所有的经历都是一种成长，休学也不例外，爸爸妈妈尤其收获良多，比如：妈妈看到了自己的时间管理问题，看到了自己共情能力不足，经常忽视你的感受，忽略了学校其实就是一个小小的社会，不只是单纯的学习，还有社交和内卷。在你感到迷茫时，爸爸妈妈没能给予你期望的支持与帮助，遇到问题常常会急躁，不去分析原因而迅速跳到结果。还有我对爸爸的片面认知，对爸爸的尊重和理解不够，爸爸承担了家里的大部分家务，那么任劳任怨，妈妈却忽视了爸爸的付出，以及我原来的价值观中的误区，过分看重外在、成绩和结果，忽视了内在和过程的重要性，等等。

这都让妈妈重新认识了自己，也重新认识了爸爸，其实爸爸才是家里的定海神针，从抱怨的对象到无可替代的依靠，每一步都没有白走。所以特别感谢你，对妈妈的帮助非常大！这段时间我们一起在摸爬滚打中历练、成长。现在我们一起复习功课、讨论作业，一起看书聊天，一起运动，一起做手工，原来，我们慢下来一起品味生活是那么美好。

妈妈很欣慰，你长大了，褪去了儿时的无忧无虑，品尝到了成长道路上并非只有酸酸甜甜，更有苦、辣、咸，这就是生活，五味俱全的生活。爸爸妈妈会陪着你一起走过这段成长之路，妈妈相信你，一定会迈过这道坎，在探索中更加成熟，更加坚强，更加有力量。我们一起面对即将开学的岁月，今天的青春礼就是一个最好的见证。

你说将来想当心理咨询师，因为咨询师帮助你度过了这一段灰暗的日子，特别感谢他们。学心理学一来可以了解和审视自己，更有力量来面对挫折，二来能帮助到别人。我也很感谢这段日子陪你冲出牢笼的老师和朋友们。最应感谢的其实是你——**女儿，你战胜了内心的恐惧，复学至今，这不就是英雄嘛，成为自己就是一段英雄的旅程，妈妈为你骄傲！**

也可能将来你又有了新的想法，因为你尚年轻，会有无限可能，多多地去尝试吧，每一种探索都是一种人生体验。人生目标不是想出来的，而是活出来的，爸爸妈妈相信你，只要在生活中去体验和触碰一些事、一些人，也许人生目标就慢慢明晰了，爸爸妈妈都活了五十多年了，还有好多事没有活明白呢，妈妈直到退休了再就业才实现了儿时理想——当老师。当客户亲切地称呼我为“张老师”的时候，妈妈是那么自豪和骄傲，这是妈妈十多年前没有想到的，说起来你还非常羡慕妈妈梦想成真。其实没有前三十年的工作积累，妈妈也不可能得到这个机会，并抓住这个机会。我们的每一个脚印、每一段经历，都是在给未来铺路。

今后，生活还会有许多意想不到的变化，我们不可能预知未来，掌控一切或游刃有余。看到我们所拥有的、目前能做到的，并感受当下，过好生活中的每一天、每一秒，足矣。

未来我们将一起去探索，去感受和体会五彩斑斓的生活吧。

爱你的妈妈

亲爱的老妈老爸：

老妈，今天正好是你的生日，生日快乐呀！

一直以来，都是你不离不弃地陪伴我，在我孤独的时候让我感受温暖，让我的内心感到充盈。每当我在学校感到寂寞时，我总会想到家里的你们，这让我认识到我并非独身一人，我有温暖的家庭陪伴我走过青春年华。我觉得，妈妈你是个自强又自恋的人。你总是想一个人揽下所有，总是勇于大胆地创新（虽然有时候有点儿冒险），追求潮流，却不迷失在潮流中，忠于内心，但并不自私。责任感推动着你在人生道路上越走越远。

老爸，你是一个神秘但亲和的人，你总是看起来像在沉思着什么，你知道得很多，但在日常生活中却不显山露水。只有在讲到你感兴趣的事情时，你才会展现你丰富的知识库。你看起来很平静，是我们家的“定海神针”，是你让家中变得安定。

感谢你们让这个家变得温暖、包容、充满活力，感谢你们让我获得生活的温暖与美好。**每个人都在家中获得了一个属于自己的位置，没有人被排挤，没有人被放弃，这让我感觉到，我是被需要着的。**总之，谢谢你们！

你们的女儿

于 2024 年 5 月青春礼

妈妈很欣慰，你长大了，褪去了儿时的无忧无虑，品尝到了成长道路上并非只有酸酸甜甜，更有苦、辣、咸，这就是生活，五味俱全的生活。爸爸妈妈会陪着你一起走过这段成长之路，妈妈相信你，一定会迈过这道坎，在探索中更加成熟，更加坚强，更加有力量。我们一起面对即将开学的岁月，今天的青春礼就是一个最好的见证。

复盘陪伴孩子休复学中的重要转折点

文 / 天天开心

2020 年 4 月，女儿被诊断为中度抑郁，没有真正学过心理学的我，当初听到这个结果时并没有感到害怕或是焦虑，反而认为这个结果没什么，以为但凡是人，只要做了伯恩斯抑郁状况自查表，就至少是轻中度抑郁的结果，因此这个测得的结果于我而言没有产生太大的思想改变。可这次诊断对于女儿的意义却是非同一般，后来她说她感到有救了。

自诊断后，女儿开始接受药物治疗。药物的副作用使得孩子嗜睡严重，精神状态也更加萎靡。接下来在咨询师的建议下，同年 9 月我们给女儿办了为期一年的休学。休学在家的日子，彻底地改变了孩子和家人的生活节奏。孩子日夜颠倒地刷手机，无力洗漱，正常的三餐时，桌前基本上见不到孩子的身影，外卖每天不断，还有网上的各种“买买买”。孩子除了一周一次做咨询和两周一次的门诊外出，其他时间基本上在她的房间里（除了上厕所）。我们因为她如此的生活状态都陷入了焦虑、恐惧、愤怒又无力之中，家里死气沉沉，没了一丝的生气。我在心里抱怨着，我怎么生了个如此不思上进又懒惰的女儿，吃穿不愁，读个书还读出了个抑郁来。那时我与孩子基本上没怎么沟通，因为没说上几句话，孩子就会像炸药包似的炸开来咆哮。所以我们与孩子说话都是小心翼翼的，心里盼望着 2021 年 9 月早点到来，以结束孩子的休学。可是事与愿违，孩子没能复学，我们又申请了休学一年。

在一次偶然的机会，我加入了渡过社群。在社群中我感到进入了一个大家庭，我不再是一个人孤单面对孩子的这种状态。我发现群里的许多家长所阐述的孩子状态与我家孩子的状态有许多相似的地方，并且有的孩子比我家孩子更严重，原来并不只有我家的孩子存在这种抑郁的状态。当我看不惯孩子的行为时，我就将孩子的行为和状态发到群里，那时我是一种带着怨气的状态来控诉孩子的懒、不知足、不懂感恩，但伴随着社群里老师们共情和理解我，并用不同的思路帮我从孩子的角度来看待其行为和状态，慢慢地让我重新审视和对待孩子的抑郁。

一次，我从邻居家借得一本漫画书《驯服抑郁的黑狗》，其中“黑狗主人陪伴者的自我保护”这部分的第一句话就把我的认知颠覆了：“承受愤怒、批评、消极、冷漠这些负面情绪对任何人都不容易，但请千万不要被这些情绪所影响。请记住，这些都只是抑郁黑狗的吠叫，不是他那个人的本性。”天啊，这句话点醒了我，我一直认为是孩子懒，故意找茬儿，与我们说话一说就炸是她的有意行为。原来是她心中的小黑狗在作怪，她是无法控制得住她的这些行为的。我顿觉错怪我的女儿了。

孩子因为抑郁而表现出躯体症状，我陪她上医院做各种精密仪器的检查，但得出结果都是没有任何问题。于是我认为孩子就是因为懒或为逃避学习而找的借口，没病装病。每每她告诉我她头疼、头晕、犯困，我都不以为意，心里就认为孩子无病呻吟，漠视孩子的感受，不愿意相信她说的感受是真的。可在一次孩子外出就医，我整理她的房间时，无意中看到了孩子写的日记。日记中女儿每天基本上记录着她的头疼、关节疼痛、犯困的具体表现以及疼痛时她的感受，甚至她产生了阻止这种让她身心俱疲的疼痛，结束自己的生命的想法。我突然间想起社群中的老师曾说过，一定要相信孩子所说的感受，不要忽略了孩子的感受。而我偏偏没有感知到和相信孩子的所说所感是真的。看到日记后我才知道那疼痛、乏力、犯困真实存在于孩子的身体上，我顿时心痛得热泪盈眶，后悔不已：我的心怎么如此麻木不仁？我的心怎么如此铁石心肠？

孩子早期在私立医院就医，因为药物对孩子的起效不明显或让孩子嗜睡更严重，我们经常换药，甚至到后期每次就医都在换药。另外，孩子的药物副作用越来越明显，有一次药物副作用严重到让孩子眼斜嘴歪的程度，而当时就诊的医生死活联系不上，这可把我们全家吓得不行。我们半夜赶忙把孩子送往专科医院急诊。好在当时值夜班的医生立马给孩子进行了血液稀释，副作用的症状才很快消失了。在我又一次送孩子到专科医院看医生时，有这么一个场景又深深地触动我的内心：

当时医院来了位比女儿大两三岁的女患者，估计是双相吧，正处于躁狂中。家属强制带她来，因为患者极其抗拒不配合就医，家人和医护人员为了能顺利给她看病就诊，就把她的四肢用绑带捆绑在担架上，但女患者依然还是不配合，即使被捆绑，她仍然扭动身体以示反抗。这时护士直接来了一针镇静剂扎在女患者的身上，没过两三分钟，她就浑身无力，瘫软在担架上，但她用无助、无力、绝望的眼神怒视着家人以表达她内心的不满。**恰恰她的眼神定格在我的心坎上，这眼神似乎在控诉身边的家人与护士："我的需求你们没有听懂，我需要你们懂我，可是你们非但不懂且不愿意懂我，还把我拒之千里之外，折磨我并让我无端地吃药就医。"**这眼神同时警醒着我，我想我不能将女儿拒于千里之外，她是我生养的，我不疼爱她还能有谁来爱她？我不爱她，她将是多么的孤独与悲凉啊！我一定要好好地把女儿爱回来。

在之后的时间里，我在社群中更加用心地吸收老师们普及的相关知识，获得知识后，我就在生活中实际应用起来。比如，老师们在社群中强调需要接纳孩子。我想：如何算接纳孩子？孩子休学在家，我期待她上学，这算接纳吗？表面上好像不与女儿辩论上不上学，但心里期待着她早点上学——不，这绝不是接纳孩子。如何算接纳孩子？孩子退回家中休学，休学的意义是什么？休学是因为孩子的身体、精神已经无法承受上学带给她的压力，她必须休学回家休养，养精蓄锐，以恢复她的身体和精神。那我如何帮助休学期间的孩子养精蓄锐呢？于是我学习到了：**放下期待，看见女儿的需求，支持孩子掌控感的重新建立，注重与女儿当下的链接……**

我很感谢自己将社群中学习到的知识变为我的思想理论，然后将这些理论观点指导我的实际行动，在实践中不断调整自己，最终赢得孩子的信任，迎回孩子的自信、自主、自立与自强。

感恩生活馈赠给我的资源与财富，感恩生活的美好！

孩子退回家中休学，休学的意义是什么？休学是因为孩子的身体、精神已经无法承受上学带给她的压力，她必须休学回家休养，养精蓄锐，以恢复她的身体和精神。那我如何帮助休学期间的孩子养精蓄锐呢？于是我学习到了：放下期待，看见女儿的需求，支持孩子掌控感的重新建立，与女儿当下的链接……

陪伴女儿成功复学的经验分享

文 / 祈祷

我先做一个简单的情况介绍：

2018 年 5 月，女儿被初诊为中度抑郁伴轻度焦虑，同时开始吃药和心理咨询治疗，坚持上学，半年后被诊断为重度抑郁。女儿上学期间常请假，无法听课写作业，情绪波动大，与男生打架，逃课（校内），常常哭泣、自残。

2019 年 3 月初休学，同时停药、停心理咨询。同年 7 月开始补习数学、物理，9 月复学读初三。第一学期有一半多的时间请假，经常晚到早走。听课会很紧张，不能看书、写作业。

2020 年疫情期间，女儿在家不上网课，不做作业。我为她请了家教进行线上一对一补习，其他科目让她自己复习。7 月女儿顺利中考，升入目标学校。

2020 年 9 月开学进入高一学校，女儿能够按照学校作息正常上下学，课间与同学聊天、打球，和班主任关系很好。上课还会感到紧张、有压力，需要用边做手工边听课的方式来缓解压力。对写作业有一定抗拒。对部分老师有较高的戒备心，被提醒或批评时情绪波动会比较大。

一路走来，如果把抑郁症看作是健康的敌人，那么，陪伴孩子复学的基本原则就是：战略上藐视“敌人”，战术上重视“敌人”。

一、战略上藐视

心态调整是重中之重，家长先要稳定自己的情绪。

1. 相信孩子

相信孩子是“向阳生长”的，相信自己给予孩子的信任与支持就是孩子成长的阳光、水、土壤。孩子是亲生的，相信孩子，就是相信我们自己！

2. 消除病耻感

抑郁的孩子不能学习、运动、做事，是因为能量耗竭，人体启动了自我保护功能，就病倒了，强制休息。他们不是懒，不是叛逆。家长通过学习疾病和疗愈知识，了解疾病，纠正对疾病、患者的偏见，与孩子一起消除病耻感。

家长们请想一想：自己有没有感受过，累到不想做饭，不想做家务，不想吃饭，不想说话，只想躺着不动？孩子们每天在学校上课学习超过 10 个小时，回家还要写作业复习，很多孩子还要上课外班，比家长辛苦多了，能量耗竭，所以才需要休息补充生命能量。

另外，一些患抑郁症的名人——英国首相丘吉尔、美国总统林肯、演员“巨石强森”等，照样可以生活得很精彩。这也能给我们一定启发。

3. 寻找案例

寻找周围成年亲友中上学成绩不好，高考不理想甚至失败，但是现在事业和生活都不错的案例，讲给孩子听。让孩子知道，人生不止高考一条路。让孩子宽心，也是让自己宽心。

4. 想一想

如果复学不成功，最坏的情况能到什么程度？家长能接受吗？如果家长能接受，就是给孩子兜底了。孩子知道这个家非常稳固安全，家门永远对他打开，接受他的失败、不完美、不优秀，累了随时可以回家休息疗伤“充电”。这样，孩子才会感到安全，才敢于主动走出去。

如果能接受最差的情况，那么接下来的每一点变化都是进步。

举例：我先生说过，最差的结果就是女儿到最后没法参加中考，初中毕业就失学在家。这样我们也可以接受，就先在家养着，慢慢再找出路。我们告诉女儿：你只管去做你想做的、能做的，无论结果如何，我们都爱你。家一直在，爸妈一直在，天塌不下来。

二、战术上重视

（一）改善家庭氛围和亲子关系

首先，家长一定要不断地自我学习成长，先处理好自己的情绪。学习疾病知识、心理学知识、陪伴疗愈的方法，做到“手中有粮，心里不慌”，建立信心，有能量给予孩子稳定的接纳和支持。

推荐：渡过公众号的文章、讲座、课程，《非暴力沟通》《反内耗》《理解才能更好地陪伴》等书。

1. 与孩子进行非暴力沟通，打通情感通道

有些家长不知道如何与孩子沟通，说什么，怎么说，生怕说错了会火上浇油。

建议：仔细研读《非暴力沟通》，多读几遍，体会非暴力沟通的四要素“观察—感受—需要—请求”，把这四个要素应用到日常生活，尤其在与孩子的沟通中。但是运用的过程要循序渐进，并非每次沟通时四个要素都要用全。最初，可以先通过运用第一个或者前两个要素，表达自己看见的和感受到的，也试着带领孩子说出一些事实和他的感受，以此和孩子建立情感联结，改善关系。

举例：家长主动表达：“看到你哭得这么伤心，我很心疼。”（观察现象：孩子哭；家长感受：心疼）

带领 / 帮助孩子：“作业写不完，你害怕妈妈批评你吗？”（观察现象：作业没写完；孩子感受：害怕）

最初，语言反应不过来时，可以先各自安静一阵，家长默默陪伴。冷静下来后，想好了怎么说，再用手机把想好的话写成文字，发送给孩子。

最初改变看待孩子的角度和表达方式时，会显得比较僵硬刻板，但是只要家长态度真诚，孩子会领情的。坚持下去，练习多了，也会慢慢熟练起来。

举例：我练习用非暴力沟通方式和女儿说话才一个月时，有一次，女儿对我说：“妈妈，你最近说话总是怪怪的。”

我说：“我在学着换一种方式说话，不要像以前那样咄咄逼人地讲道理。但是刚开始用不熟练，所以会有点儿怪怪的。”

女儿没有再说什么，只是转移了话题继续聊天。我觉得她感受到了我的诚意，但没有表达她对此的感受和想法。

2. 用“放大镜”寻找孩子的每一点改变

家长要有双善于发现孩子优点的眼睛，观察到并表达出孩子的每一点改变，让孩子感觉家长“看见”他在改善，孩子感受到家长看到的都是他的好，会更有动力去做得更好。

但是家长要注意，不要刻意用“真棒”之类的评价性语言去“表扬”，因为表扬性的语言往往带着居高临下的评判意味，而“评判”是典型的“暴力沟通”方式之一。**家长只需要表达对孩子的“看见”——你相信什么，就会看到什么，孩子就会成为什么。**

举例：平时吃完饭甩手就走的孩子，某一天把碗送到了厨房，甚至刷干净了。家长可以说：“宝宝，刚才我看到你把碗送到厨房了（刷干净了）。”

3. 经常对孩子说“不是你的错”

生病的孩子往往容易过度自责，向内进行自我攻击，认为一切都是因为自己不够好（追求完美同理），都是自己的错。

家长要经常找机会对孩子说“不是你的错”，慢慢扭转孩子的自责自罪心理。

常见的场景：

- 晚上睡不着——“不是你的错，你很想睡个好觉，但睡不着不是你的错。”
- 早上起不来——“不是你的错，因为你失眠，睡不好，你感觉很难受。”

• 生病了——“不是你的错，没人愿意生病。”

• 考不好——“不是你的错，你已经尽力了。”

• 没赶上车（飞机）——“不是你的错，谁也没有想到堵车这么厉害。”

• 害怕上学——“不是你的错，你已经尽力了。”

• 写不完作业——“不是你的错，作业那么多、那么难，你已经尽力了。”

• 摔碎了碗（弄坏东西）——“不是你的错，我知道你在努力帮忙做事。”

举例：中考前，女儿一模没考好，心情非常沮丧。我主动请她吃冰淇淋，我对她说：“一模成绩不理想，这不是你的错。你已经尽了力，而且老师说一模的题也确实很难。没考好，需要慰劳一下自己，才有能量继续努力。”孩子的情绪放松了很多。

4. 了解孩子感兴趣的事物，找到共同语言

家长可以从孩子的喜好，比如游戏、购物、服装、动漫、小说等出发，和孩子找到共同语言，更好地了解孩子的想法与感受。

举例：我和先生陪孩子玩网络游戏，陪她下棋、打牌、玩桌游。我曾经冬天陪女儿在公园散步四个多小时，全程在听她聊她喜欢的汉服。

（二）情感上支持，生活上照顾

我家孩子复学出现过的各种状况，您可以看看您的孩子有没

有：晚上睡不着，早上起不来，不能按时到校，经常请假，听不进课，看不进书，不能写作业，玩游戏、刷手机，课外辅导不能坚持……

这些其实都是孩子能量不足的表现。家长要相信孩子一直在努力，做到无条件接纳和抱持，等待孩子慢慢成长。

1. 将掌控权交给孩子，允许孩子“自由生长”

孩子决定要做且能够自己做的事，家长表达支持就好，不要过度积极地替孩子张罗。允许孩子去探索和形成自己的生活学习习惯、行为模式。

举例：每天早上送女儿到校门口，我都会重复一句话：“感觉不舒服，坚持不住了，就告诉妈妈，我给你请假，接你回家。”有一次早上 9 点送孩子到校，10 点半就收到她的信息，说感到难受，要回家。我马上给孩子请了假，然后去接她回家。而每次接她时，我也会说一句：“宝宝辛苦了，回家好好放松一下。”

每个孩子的学习模式不同，有视觉型（阅读）、听觉型（听课）、动觉型（实操），要观察和了解孩子，允许他们按照适合自己的方式去学习，家长不要把自己认为正确的方式强加在孩子身上。

举例：我女儿在上一对一线上家教课时，一般是边做甜点边听课，老师念题，她说答案。上课效果很好。如果让她专心盯着手机跟老师上课，十分钟她就开始难受了。复学后，我跟学校沟通，允许她上课边做手工边听课，她能坐得住、听得进。做手工可以帮助她释放压力。（建议复学的孩子可以带个海绵减压球放在手里捏。）听了一学期都云山雾罩的化学课，通过两堂实验课，女儿就全掌握了。

2. 放手有“度”（温度、态度、程度）

（1）放手不是放弃，家长的语言、神态、语气都会让孩子感觉到家长真正的态度。

- “放手”的语言：“我们相信你有自己的考虑，按你的想法去做就好，爸妈支持你。”
- “放弃”的语言：“反正我们也管不了你了，你爱怎样怎样吧。”

（2）把握好放手的程度，家长要明确：什么放，什么不放。对孩子自己的事情，彻底放手。比如：一天吃几顿饭，吃什么、不吃什么，是否刷牙洗澡，是否整理房间，是否写作业，是否请假等，尊重孩子的感受和选择。

对于休学、停药、复学、考试、中考、补课方式这种比较大的决定，家长要和孩子沟通，向她说明规则及自己的想法，征求医生意见，最终还是由她做决定。

举例 1：孩子复学第一学期期末考试时，为预防意外，我和老师商量好，三天考试期间，我都在学校外面找家咖啡厅坐着，准备随时回应老师的召唤。但为了保护孩子的自尊，至今也没告诉她。

举例 2：中考时，孩子要求自己骑车去考试，拒绝由我开车送去。但是我放心不下，还是骑车在后面远远跟着，看着她进校门后，给老师发了条消息，老师也回了一条信息确认。这件事情，同样没有告诉孩子。

我们已经做好了心理准备，面对最糟糕的结果——她无法完成中考。但是孩子给了我们意外的惊喜，她非常镇定地完成了所有考试，发挥稳定，成绩远远超出预期。

3. 允许孩子有情绪，释放情绪，家长要接住情绪

人吃五谷杂粮，消化后变成营养吸收，也会生成废物排出体外，保持健康。

人生经历是人的精神食粮，体验感受后会生成经验与正面感受，成为心灵成长的营养。同时也会产生负面感受与情绪，这些是心理代谢的废物，也需要排出体外，这样孩子才能保持健康。

孩子的生理性排泄，没有人会觉得紧张。可是，很多家长看到孩子通过哭泣、发脾气等方式排出心理代谢废物时，就会紧张得不行，如临大敌，好像世界末日来临。既然大家都认为排出生理代谢的废物很正常，为什么不接受排出心理代谢的废物（负面情绪）呢？

家长如果幻想让孩子总是保持快乐、平静、积极的心态，没有负面情绪，那和想把孩子变成貔貅没啥区别。

换个思路想，所谓“危机”，其实是危险与机遇并存的，“机”往往藏在“危”后面，关键看家长如何处理。孩子遇到困难，哭泣、发脾气，是最需要帮助的时候，是给了家长接纳情绪、倾听和提供帮助的机会，每处理好一次危机，亲子关系就会改善一点儿。

举例：复学前两天，女儿半夜叫我们去陪她，大哭，因为

她对于复学感到焦虑。我们搂着她，听她哭，诉说她的担心，告诉她不用天天强撑着笑脸给我们看，想哭就哭。无论学习成绩怎样，是否参加中考，考上什么样的学校，我们都爱她，不会嫌弃她。陪了她半个多小时，摸摸头，拍拍后背，女儿安静下来了。

（三）不打无准备之仗，外围支持

孩子自己能做的事交给孩子，但还有很多是孩子力所不及的事情，就需要家长做好外围支撑，给予实际的支持和帮助，让孩子感受到家长的智慧、决心、力量和勇气。这个过程，也是家长言传身教地告诉孩子，面临困境时如何调整心态，如何一步步解决问题。这对于家长和孩子来说，都是成长。

1. 制订课外辅导 / 家教方案，由孩子决定

孩子想要复学，家长可以收集和了解各种课外辅导的详细信息，比如上课方式、时间、内容、难度、人数、费用等，根据孩子的情况，分析制订多个不同的补习方案，和孩子讨论，最终由孩子决定。当然，**前提必须是，孩子主动要求课外补习。**

举例：我去寻找课外辅导资源，分析特点，制订多个方案，然后和孩子沟通，由她决定。

休学前，我女儿上过线下小班培训，也在线上上过视频课，但最终她选择了一对一家教。她说不喜欢哪个老师，我们就随时给她换。

2. 确定学习策略：抓基础，放弃难题

休学后复学的孩子大部分功课通常会落下。学校老师说过，课本上的基础练习做好了，基本可以保证得到 80 分（初中）。我们考虑到孩子的状态，不适合太大的压力，因此和她沟通后，

一起确定复习策略：以抓基础为基本原则，放弃难题，也可以考出中上水平的成绩。

举例：我们和孩子一起分析孩子的健康与学习现状，调整目标学校，然后根据目标学校的录取分数线来制订辅导方案和复习计划。

3. 搜集升学资讯，分析形势，明确目标

通过网络、亲朋好友去发掘普高、艺考、中专、职高、“3+2”“3+4”等多种升学渠道，分析现状，确定合理的目标，放开思路帮孩子找到更宽阔的发展道路。

举例：我多方联系同事、同学、好友，了解到更多的升学渠道信息。自己再根据孩子可能的升学方向，去找到多个潜在目标学校的官网、电话，挨个去打电话了解详细的信息，去分析、筛选目标学校，再和孩子沟通探讨，最终确定适合的目标学校。

4. 最后一搏（特指中考）

初中知识难度不大，最后的冲刺对于提高成绩有很大效果；同时，初中的孩子年龄小，更需要家长给予适当的指导。

举例：孩子的数理化三门课跟随家教进度即可，不再单独复习。最后 20 天，我把孩子的语文、英语、生物、地理四门课的课本和复习资料梳理了一遍，精选出合适的复习资料，帮孩子制订了这四门课的复习计划。然后和她沟通，做适当调整。最后，孩子坚持按计划完成了 80%，中考时达到了预期目标。

（四）争取外援——与学校沟通

学校是孩子复学路上的重要外援。家长要主动出击，和学校建立起坦诚沟通、互相理解的合作关系，在协商基础上，为孩子在校内学习尽可能创造宽松的氛围。

1. 正确看待学校

家长不要凭想象认为学校“为难孩子，推卸责任”，这会影响自己的心态；也不要一厢情愿地期待学校爱心泛滥，全开绿灯，因为学校也被一定的规则约束。

正确的定位是，家校双方是合作关系，有共同的目标，也各有各的需求，通过坦诚沟通达成双方都可以接受的方式，实现目标。这个过程中会有各种变化，需要家长去沟通和争取。

2. 家长可以做的努力

家长可以发掘学校人脉资源，主动与学校沟通，争取在考勤、听课、作业等方面能给孩子适度放松要求。

如果经常需要请假，手续怎么办，是否必须去医院开假条，如何找渠道开假条，等等，这些都是家长要做的功课。

随时与班主任保持沟通，随叫随到，保证孩子安全。家长积极配合，态度好，有自信，对孩子情况了如指掌，更容易取得学校的信任。

3. 沟通前的准备

（1）家长要学习疾病、药物和疗愈方面的一些基本知识，对孩子的心理状况、康复进度了如指掌，才有底气。

（2）倾听孩子的想法，了解孩子能做到什么，做不到什么，需要哪些支持，尊重孩子的选择。

举例：我的孩子对我说过，即便在最难受的时候，她也从来没想过放弃生命。我了解并信任孩子，所以敢对学校保证孩子绝对不会出安全问题。

（3）通过以上两项准备，想清楚孩子 / 家庭对复学有哪些需求。比如：放松考勤和作业要求等。确立孩子和家庭的底线。

举例：孩子经复查，无抑郁、焦虑情绪，无心理问题，达到临床康复，处于疗愈的最后阶段，回归社会。征求孩子意见，她的底线是：绝不再休学。

（4）了解学校的需求，了解政策。与学校老师、领导主动接触，了解学校的规则、态度和需求。

举例：学校关注孩子安全，害怕出意外（责任与考核），希望教学秩序不受影响。所以，我们给学校写出孩子的情况说明，附上诊断结果的复印件，并且同意签安全责任承诺书，如因孩子自身原因出安全问题，学校免责。

（5）将孩子的需求与学校的需求比对，哪些需要退让，哪些需要争取，一一对照着制订谈判策略。

三、再次强调

最后，再次强调：孩子复学的关键是家长情绪稳定，充满信心！

家长要做好孩子的情绪容器，做好家庭的定海神针，让家成为安全稳定的根据地，给予孩子最坚实有力的支持。

换个思路想，所谓“危机”，其实是危险与机遇并存的，“机”往往藏在“危”后面，关键看家长如何处理。孩子遇到困难，哭泣、发脾气，是最需要帮助的时候，是给了家长接纳情绪、倾听和提供帮助的机会，每处理好一次危机，亲子关系就会改善一点儿。

裸考高考，胜利！

文 / 闹闹

2024 年 6 月 7 日至 10 日上午，我们参加了全国高考！考生们 12 年的学习为此一搏，我家孩子只有 9 年在校时间（小学 5 年 + 初中 4 年 – 中考前 2 个月 + 高一 1 个月 + 复学 8 天）。所以很佩服女儿书没看完一遍，题没刷几道，就敢参加高考的勇气！实实在在的裸考！比中考还“裸”！

穿越时空隧道，回到三年前，中考前两个月，我们请假在家，头疼、恶心的躯体症状导致孩子去不了学校，看医生诊断出“焦虑”，孩子开始服药。还好孩子底子好，考上了普通的省重点，孩子没相中，自费去了全省最好的省重点中学。

一晃儿，三年过去了，我们经历了至暗时刻，飞去北京大学第六医院就诊多次，休学一年，复学失败，退学，高考，每个拎出来都是“大事件”，这是怎样的经历！历经时，痛苦不堪；回首时，云淡风轻。

“你们娘俩像一束光，照亮高考另辟的蹊径！”

“祝贺！体验了一项所谓的人生大事儿！祝心想事成！”

“你们和孩子这一路走来，让我钦佩，钦佩你们的勇气、坚定、乐观、从容……愿你们守得云开见月明，愿孩子得偿所愿！”

“我相信你闺女的实力，拭目以待吧，看看丫头能创造出啥奇迹！”

“祝孩子好运，顺意！”

“加油！祝福！高考加油！高考顺意！”

“祝福孩子和你‘粽’是心想事成！”

“为孩子的勇气点赞，挺佩服妈妈的！”

“祝福孩子金榜题名，也祝福你！”

“孩子是英雄！妈妈也是英雄！”

渡过群友纷纷发来祝福，好温暖，好感动！我们真的成了一道光？来到这里，**我们被前人的光照亮，我们也希望自己成为一道光，照亮他人！**

再次回到高一那年的十一长假，一直不补课的孩子，面对初中的五科变成了高中的九科，难度也陡然提升，作业加码，假期加课，一下子就崩溃了，仿佛掉进了无底的深渊，以泪洗面，躺在床上什么都不想做，活着太累，想死又不敢。再一次，出不了家门，上不了学。疫情加上请假，稀稀拉拉，孩子硬撑了一个学期，请假时学校建议休学，我出了校门，眼泪唰唰往下掉。寒假，被冰墩墩和雪容融温暖的假期，孩子还与同事家上大学的小哥哥结对子参加了一个冬奥活动。高一下学期报到，孩子被抽到去做核酸，硬着头皮去做了，等进了教室，眼泪就往下掉，提前回家了。第二天，我去学校办了休学手续，孩子和学校彻底断了联系，我又去单位向领导提出交接工作，请长假回家陪孩子。这一陪就是将近两年半。

东北的春天，乍暖还寒。3 月，我们在家猫着，除了睡觉，我一直陪着。4 月，从做 5 分钟广播体操开始动起来，后来花 2000 大洋买了健身环，每天半个小时，和孩子一边做游戏闯关，一边锻炼身体。5 月，我们开始出门，晒太阳，半小时到 1 个小时，干啥都行，我踢毽子、跳绳、投篮、玩健身器材，孩子看手机、看书。周末，一家三口逛超市，买好吃的，也算是减压的一种方式。6 月，我们办了游乐园的年卡，后期几乎每周去一次，每次小半天，步数 1 万多。我们还一起看电影、玩密室，同学都忙着上学学习，我成了她的玩伴。孩子也头一次有了自己的目标：东北农业大学统计学。

第二年，又是 3 月，在我的轻推下，孩子同意复学，虽然做了心理建设，也和老师做了很多沟通，但她的身体还是受不了，一个月去了 8 天，然后我们决定退学了。孩子觉得自己初中学历太低，还想体验大学生活，要以社会考生身份参加高考，买了一大堆学习资料，但是心有余而力不足，只是带着看点儿。当年，我们又办了室内游戏场的年卡，每周去一次。初夏，头一次由孩子做攻略（从小到大，都是我拽孩子出去玩），我、姥姥、姥爷跟着她“进淄赶烤”。还去上海参加了一次桌游展，去北京复诊了两次。孩子喜欢上了逛街，我也相应设立了运动基金，孩子淘到物美价廉的好物，吃到美食，觉得很开心，还有基金可领，一举几得。

第三年，因为黑龙江新高考第一年，所以我们进行了一次演练，这也是我们参加的唯一一次模拟考试，考了 360 分，孩子很是开心，我们也没想到，以为也就 100 多分，因为孩子的高中知识极其有限，全靠自身的阅读能力、思维能力、答题技巧、好运气。当然，孩子也清晰地认识到，目标统计学的分数是远远不够的。高考越来越近了，孩子看不进去书，原来是她把其中一种药停了，大夫又给加了回去，十天不到，孩子多少能看进去点儿书了。这一年，我们办了运动乐园年卡。人家办健身卡，我们办运动乐园年卡，“运动 + 娱乐 + 减压”，为避开晚高峰回家，我们还去商场里的书店看书。后来，她同学（原初中好友）在线上一边复习，一边给孩子讲题，让孩子能多拿几分是几分。虽然总分不高，但每一分真的都是孩子努力克服困难，加倍刻苦学习赚来的！孩子也能和高三在校的同学抽时间见面吃饭，线上联系，感谢她们一直不离不弃！这一年，孩子追了星，认识了一起参加活动的网友“农大小姐姐”。每次说到这儿，总有家长问，是不是孩子已经完全康复了？客观而言，我们从中度焦虑、重度抑郁到轻度焦虑、轻度抑郁，只用了一年的时间，主要靠药物和孩子自身康复，一直没减药是因为复学、高考，毕竟孩子没回到学校的环境，恢复社会功能。目前仍在康复期间，孩子的嗜睡和疲惫感还是有的。

高考前，有位家长联系上我，她家孩子考前焦虑，她也焦虑，从加上好友那天开始到考试结束，她每天都会和我聊一会儿，我自身已稳定，不会被她的焦虑传染，也希望帮助她缓解一下。最终，我们的孩子都顺利完成了高考！

2024 年 6 月 7 日，终于迎来了高考第一天！孩子的裸考高考，终于如她所愿实现了。

她说早上 7 点半起来，结果 7 点 23 分的闹钟没响就醒了。吃了爸爸做的早饭，考点很近，但为了保存体力，爸爸开车送我们去。

孩子在教室里坐着答题，我在学校旁坐着看书，三天看了两本。

孩子说语文答到无题可答，不会，作文 800 字，多次点题。磨蹭了一会儿，提前交卷，依然是全考点第一个出来，引来家长一阵嘘声！她自己不想成为第一个交卷的，但也不想在教室里无所事事地坐着。众目睽睽！我站在她一出来就能看见的、正对面的位置，高举单位慰问送来的一大捧鲜花，她对我点头，示意看见我了。我接过水和笔袋，她接过花，我说："辛苦了！"我形容她出来走得淡定从容，她说"装的"。

看见她，我立马给爸爸打电话，约定我们走到街口，就让爸爸开车来接。我们耐心地等了一会儿。有位穿着白衬衫、领导模样的人说了句"这么早交卷"，孩子没吱声，我底气十足地说："答完了！"

孩子回家歇着，吃水果，爸爸做了饭，下午 3 点考数学，我在她的求助下中午 12 点去买了圆规、三角板，因为她早上发现 1 月演练那时用过的那套找不到了。饭后，自己定的睡一小时，又提前几分钟醒了。

下午的数学，对她来说是薄弱学科。说三道填空题，一道不会，一道穷举，一道算出来的，我夸她真厉害！（后来说两道都对了，10 分到手！）约定 4 点半提前交卷，爸爸开车来接，车来了，她还没出来，原来是在尝试解一道大题。又是第一个出来，我挥手示意，她点头回应。她说，有个老师都认识她了，问她哪个学校的，她说 S 中（原学校，可能没好意思说社会考生）。我说，老师肯定想，不愧是 S 中的！这要是陪考老师知道了，还得说，怎么提前交卷了？学校不建议提前交卷。这就是不在校，在校就不敢不听要求提前交卷了吧，现在就不受束缚了。

回家，我们吃了晚饭；回屋，照常各忙各的。孩子状态稳定，发挥稳定，高考第一天顺利结束！

这几天的午睡，孩子都懒得换衣服，我也是。她嫌屋里有猫，床上有毛，抢我们屋的床午睡。老公不太乐意，我让他睡客厅沙发。我第一天没睡，在厨房餐桌上用笔记本写共修心得。第二天，我用三张餐椅拼了张床，老公见状，给我拿来一个靠垫当枕头，睡不着，直会儿腰也是好的。孩子自己觉得睡一个小时就好，每次还会提前几分钟起来。

孩子说英语听力比她做过的唯一一套要难。

考场散考，她偶遇等人的高中女同学，短暂的时光，长时间不见，同学一时没认出来她，然后夸她瘦了，我们都知道这是客套话，但孩子听了很开心。

这场考试不能提前交卷，孩子出门找我，虽然相约在第一根电线杆下，也有一种茫茫人海的感觉。我说：“我穿得这么喜庆，好找，而且，我能在人群中，一眼就认出你，向你挥手！”

第三天，孩子答了半个小时就完事了，开始趴桌子，老师以为她不舒服。她说没事儿。

每周至多洗一次澡（头）的孩子，下午最后一科考前主动提出要洗头，原因是“太油了”，让我帮忙吹了头发。

最后一科考完，家长们准备的条幅扯了起来，向日葵鲜花举了起来，手机备好，第一个男生冲了出来，家长一片欢呼声，又跑出几个男生，才有女生走出来，孩子也很快出来了。孩子们脸上都洋溢着轻松快乐，不管成绩如何，考完了！胜利了！解放了！孩子亲身经历了 2024 年的全国高考！我是陪考！

高考的考生们付出的是辛苦和汗水，渡过平台的孩子能参加高考付出更多的是勇气和改变，成长！

同事说：“不错，成功迈出第一步！你的功劳！”我说：“不敢居功，她自己努力。”在这个过程中，**我做得最多的就是陪伴、理解、接纳、支持。孩子已经很痛苦，我不能再在伤口上撒盐；孩子有情绪时，我不能顶着她的情绪发泄我的情绪。我觉察、觉醒、学习、成长、改变自己，孩子也越来越好：**情绪稳定了，认知也改变了很多。

未来会怎样？我也焦虑过，与其担心，不如祝福。我相信今天比昨天好，明天会更好，一定会好！一起面对，一起前行！

在这个过程中，我做得最多的就是陪伴、理解、接纳、支持。孩子已经很痛苦，我不能再在伤口上撒盐；孩子有情绪时，我不能顶着她的情绪发泄我的情绪。我觉察、觉醒、学习、成长、改变自己，孩子也越来越好：情绪稳定了，认知也改变了很多。

女儿高考要出分了，但我一点儿也不紧张

文 / 飞儿

女儿今年高考。

事实上，我对高考的紧张，早在三十年前自己参加高考时就达到了极致。对孩子未来的担忧，也早在四年前女儿休学时就达到了顶峰。在三十年时间里，高考留给我的噩梦般的体验，一点点儿地被淡忘。习惯焦虑的心，也在这四年的磨炼中，逐渐变得柔韧起来。

看着周围紧张焦虑的父母，我一直在思考：高考，对每个人的意义是什么？

对于很多人来说，高考就是人生中最重要的奋斗历程的终点，一张名校的录取通知书，似乎就能通向未来幸福生活的大门。持有这样想法的父母像押宝一般，把自己的重心压在了高考上，过高的期望让他们无比焦虑。

20 世纪 70 年代末，高考制度恢复，确实给很多人的生活带来了新生的希望。高考，确实是很多人实现人生价值、提升生活品质的一条捷径，比如电视剧《人世间》中的周秉义就是其中的

代表。

而我，也是当年这些人群中的一员，从乡村到城市，从未来的农场职工到城市的工薪阶层，这些都是高考带给我的重大转折。我以为，每个人都可以通过自己的奋斗实现命运的转变。

在女儿休学之前，我一直没有认识到，自己的人生路径有什么问题。或者说，走上这条路的驱动力是不是健康。

一

2018 年，升入当地重点高中的女儿，忽然出现了厌学、恐学的状况，身体也不断出现症状，睡眠极差，经常感冒、腹泻。女儿学校的心理咨询师是我的朋友，当她严肃地告诉我，女儿的状况已很严重，可能需要休学至少一年时，我感到无比震惊，也无法相信。

四年后的今天，回想当时，我才知道，一年的判断其实是过于乐观了。

休学前，女儿和我有过一次面谈，她说自己头发剪短后被人当作怪胎，很困扰；课程听不懂，在课堂上绝望得当场哭出来；她说曾经取掉纱窗，站在了书房外的墙边；还想过割腕……

我感到一阵阵后悔与后怕，既心疼又心痛，才 16 岁的她，独自承受了多少压力，经历了多少绝望时刻，而我和她爸爸几乎毫无察觉。

面对茫然无措、生不如死的女儿，出于保护她的本能，我对她说了这样的话：**“孩子，不想学咱就不学了，不考大学也没**

事。就算以后不工作也没事，妈妈也有能力养你。”至今还记得女儿当时不可置信的表情。她悲戚无望的眼中闪现出别样的光芒。她站起身，在房子里来回地转圈，不停自言自语：“真的可以这样吗？真的可以这样吗？”

事后证明，这也就是缓兵之计。但在当时，确实起到了定海神针的作用，让女儿的心安定下来。

我当时根本料不到，这之后的四年里面，我将经历怎样的心理煎熬。

最初的一年，女儿基本是在完全昏睡的状态中度过的，天昏地暗地睡觉，无休无止地玩手机，以外卖为生……纵然夸下了海口，给了宽容的承诺，面对这个无法想象的局面，我依然陷入极度焦虑中。

那时，我自己的心理状态其实也没有好多少，强撑着上班已经耗尽了精力，没有太多心思关注她。

一年以后，孩子复学，继续读高一。就在我以为，一切可以回归正轨并松口气时，才发现，自己真的是想得太天真了。没上几天，女儿就开始请假，然后请假的间隔越来越短，休息的天数越来越多。最后，每周请假的时间超过了上学的时间。不学习也就罢了，女儿开始不断缺考，周考、月考，甚至是期中、期末考。花了不少钱报的网课，没坚持多久，基本就都荒废了。

2020 年，我从单位辞职，和她朝夕相处的日子更多了。我越来越不能接受，她在家里一直待着：早上八点，她没有正常起床。九点，别的孩子都已经开始上课，她仍然没有起床。中午吃饭，她不起床。我们睡完午觉，她依然没有起床。最长的一次，她晚上进入卧室，等再次走出卧室时，已经是第二天晚上七点多了。

她在干什么呢？她真有这么多的瞌睡吗？还是昨晚上一夜未眠？她在玩游戏？和人网恋？她一直不上学，自己不担忧吗？

在她不起床的时间里，我被这些问题反复地折磨。有时候坐立不安，愤怒、焦虑到了极点，我甚至想冲上楼，敲开门，直接把她从床上拉起来推出家门。

二

事实上，女儿休学后，我也在学习心理学，知道强行让女儿起床、上学是错误的做法，不该这样，**但焦虑实实在在地盘旋在头顶，让我无法释怀。**愤怒、自责、无奈、绝望……散不去的压力，最终转向了自身，我开始不断自我攻击，直到最后，感觉世界末日似乎来临，大哭一场，情感狂涛才慢慢平复。

站在四年后的今天，许多人觉得我心态好，很镇定。我想，如果他们也经历了和我当时一样的焦虑，他们就知道，**和这种持续的钝而深沉的痛苦相比，高考的压力真的不算什么。**

偶尔，她睡足玩够休息好了，也会突然去上学。我和她爸满心欢喜，小心翼翼地赔着笑脸，把她送走之后，我都会长吁一口气，心中小小雀跃一会儿。但经常还没到中午，她就突然提前回家，说自己这里那里不舒服，头疼、肚子疼，或者太困了，有时就是一个最无法反驳的原因——心情不好。对，当她一提到心情不好时，我和她爸就束手无策，立刻缴械投降。

一个冬天的早上，我正在做早饭，突然听到楼上剧烈的拉扯响动，过了一会儿，看到女儿满脸不快地冲下楼来。老公说，他劝女儿坚持上学，女儿说“如果非要让我去上学，那我就去死”，然后冲到了楼顶的护栏边，被老公拉了回来。

有时候，和别人谈到女儿休学，一些不知情的人说“你们真是太惯着孩子了”，好吧，想一下，有一天，你的孩子说不想活的时候，你会怎么说，“你得想下革命烈士，你得磨炼自己的意志”？**对于抑郁的孩子，休学是内心能量耗竭的一种外在反应。女儿不是不想前进，她只是没力量了，她需要“躺平”，慢慢恢复能量。**

在女儿这稀稀拉拉上学的节奏中，我的心，也在高高低低剧烈的起伏中不断波动。**这是一种随时会被抛入不确定中的失重状态。一切都那么未知、不可预测，在人的本能的负面思考中，似乎所有的可能都充满了凶险。**

辞职在家的两年日子里，我成了这种剧烈情绪的亲历者，我也在努力成为这些情绪的观察者、疗愈者。我不断学习调整身心状态的方法——观呼吸、瑜伽、冥想、散步，我还跟着视频学做饭，在回归当下的练习中，把自己从焦虑中拉出来。我也不断用精神分析的方法去回顾自己从小到大的成长历程。生活里，每当有情绪升起时，我会追踪每一个情绪，找到背后自己的念头，和念头对话，不断调整错误认知。

我的成长和女儿的成长，渐渐地连成了一条线。我也渐渐找回了女儿出生时，我对她满心只有爱、不带期望的那种初心。

距离高考只有两个月时，女儿就用那样睡睡玩玩的态度，各科成绩竟然在不断提高。我感到震惊、欣喜。我像女儿当初听到我的承诺时那样惊讶：怎么可能？这样也可以吗？原来，一个人不必那么拼命，很多事情自然而然地去做，就会顺顺利利地开花结果。

三

6 月 7 日高考那天，女儿是带着欢快的心情离开家门的。我在想，从厌学恐学到欣然赴考，这四年里到底发生了什么？

在我最困顿的时候，遇到了一些民间抗抑郁组织，和众多焦灼的家长在一起，我发现自己并不孤单，这种归属感让我逐渐安定下来。**我开始学习、练习放下期待，这是我觉得最难、但最有用的一个认知改变的训练。**

四年里，事实逼迫我臣服。我渐渐放弃了逼女儿考名校、做人中龙凤的想法，我愿意接受她只是享受学习考试这个过程，或者再低个层次，我给她时间学会为自己的每个行为负责。如果你也经历过随时可能失去孩子的恐惧，你就会明白，只要她愿意好好活着，一切就有希望；没有这个，谈什么学习，更勿论什么好成绩、好学校、好未来。

在家长群里，**我才知道，有许多考入大学的孩子没法继续上学，也有许多已经工作的孩子回家啃老，没有健康心理作为支撑，考上大学并不是幸福的开始、人生成功的保证。**

高考真的不是终点，它是另一个起点。

更加重要的是，父母能给孩子的最好的教育，不是告诉他去做什么，而是用心陪伴，同时把自己成长好。

当初辞职时，有同事朋友善意提醒，觉得我这是放弃自己，给孩子没有树立好榜样。事实证明，辞职也可能是人生另一种可能性的开始。辞职之后，我先通过做团购，至少保证个人的基本生活开支，没有因为辞职成为完全被丈夫养着的家庭主妇。有经济的独立，才有人格的独立，因为独立，我不会神神经经怕被抛弃，不会疑神疑鬼被老公轻视。

和曾经的工作拉开了距离，我也才能更客观地看清自己这四十多年奋斗的轨迹。**前四十几年，我不过是被焦虑驱动，盲目地奔跑，没有目标，没有热爱，没有真正的动力，我的一腔孤勇越执着，就越偏离内心。**当有人告诉比干没有心时，他立即仆地而死；当女儿和我都用症状告诉我，我一直是个空心人时，我也立即跌入了濒死之境，但这也是向死重生的机会。

这几年，我尝试做自媒体，我试写拆书稿，我继续深研心理学，我写过微电影剧本，我原来可以做许多有意思的事！2022年3月，我给一家单位做了首次心理学讲座，巧的是，原单位的领导和同事也在现场。时隔近两年，当初以抑郁症提出辞职的我，在另一个舞台给我的同事们讲解如何摆脱情绪困扰，这是命运的安排，也是我的突围之役。

通过反思个人的生活，我也开始意识到，我对女儿造成了怎样的伤害：在工作中拼尽全力也要证明自己的我，和高考时用尽全力、几乎崩溃的我，都源自童年里没有得到母亲足够的关注和爱。而我在忙碌证明自己的过程中，又把这份源自母亲的伤害带给了女儿，这就是创伤的代际传递。

休学的一年里，一天需要睡十几个小时的女儿，像极了刚刚出生的婴儿，她的主动退行，是在想象中回到母亲的子宫，以期望得到最温柔深沉的呵护。这时候，父母要做的就是爱她、更爱她，无限包容她、接纳她，把她爱回来，要相信，这不是惯孩子，这是给受伤的孩子一个喘息、疗伤的时机。可这个过程，太考验父母了。

我不得不做个自我批评：**孩子的状态，激起了我的焦虑，还有嫉妒和愤恨。我也经历了黑暗的高考，还是两年，我学得那么痛苦，时时想自杀了结一切。可我硬逼自己挺了过来。她为什么不用经历这些？她凭什么可以“躺平”？我明明是把自己的焦虑转嫁给女儿，却自欺欺人地以为这是爱。**

我看到了她，那么怯弱、孤单、倔强、愤怒，梦境中，她常常一个人背着大大的书包，在荒凉的戈壁上踽踽独行，我多想抱抱她，抚慰她无尽的愤怒和委屈。我也看清了前半生的自己，被焦虑驱使，毫无目标地拼命奔跑，直到力竭倒下。

我开始用最有力的咒语治愈自己：允许。

我允许自己形象不佳地出现在公众面前。

我允许自己愤怒时说脏话，把矛头直指惹怒我的人。

我允许自己困了就睡，累了就歇。

我允许各种情绪起起伏伏，来来去去。

我看着各种念头来来去去，却不会轻易被带偏……

我允许自己有许多想到做不到，我允许自己学了许多道理，但仍然在许多小事面前突然崩溃。

虽然我还是不允许自己总脆弱，有阴暗想法，好吧，这些不允许，我也都会接纳。

痛苦只有发生在自己身上，才能惊醒灵魂，但我希望这世上的母亲，多一人看到，早一点清醒，少让一个孩子再受伤。

今天，距高考出分只有几天了，无论成绩如何，也无论她选择哪个志愿，或者想复读，我都会欣然接纳，并陪伴女儿面对未来。

休学的一年里，一天需要睡十几个小时的女儿，像极了刚刚出生的婴儿，她的主动退行，是在想象中回到母亲的子宫，以期望得到最温柔深沉的呵护。这时候，父母要做的就是爱她、更爱她，无限包容她、接纳她，把她爱回来，要相信，这不是惯孩子，这是给受伤的孩子一个喘息、疗伤的时机。

[专家点评]

梅花香自苦寒来

文 / 张鹏飞

张鹏飞，渡过心理咨询师，国家二级心理咨询师，中国科学院心理健康教育指导师。精神分析取向，从事0岁到成年人的全年龄段心理健康工作，撰写亲子教育方面的文章20余万字。渡过复学营、陪伴者课程讲师，陪伴者项目督导，服务过上百个休学青少年家庭。

在“转折与突破”这一章的所有5篇文章中，我检索了一些关键词出现的次数：

“爱”出现了23次，
“成长”出现了18次，
“接纳”出现了14次，
“陪伴”出现了12次，
“稳定”出现了11次，
“接受”出现了10次，
……

这些频繁出现的饱含着情感的词语，让我们看见：在这个新的阶段，妈妈们从原来所感受到的对自身的彷徨无助，对孩子的不理解、各种担忧和焦虑，开始转向了对自我更彻底的思考与领悟，对孩子和自身的理解与接纳，调整心态，以及找到了支持孩子的方向，这预示着转折与突破的时刻到来了。

真正能够抵达这个阶段的妈妈们，内心都经历了一次重大转折，那就是真正能够穿越痛苦。

其中一篇文章中有这样一句话深深地触动了我：

> 痛苦只有发生在自己身上，才能惊醒灵魂，但我希望这世上的母亲，多一人看到，早一点清醒，少让一个孩子再受伤。

这句话是这位妈妈的深切体会，而这种“痛”，是所有妈妈在面对孩子生病时的共同感受。

是啊，当父母看到原本好端端的孩子突然之间就坠入生活的低谷，不得不告别学校时，那种痛彻心扉的感受谁又能体会得了。当这样的痛苦突如其来地出现在我们面前时，最初我们的内心会充满了抗拒与疑惑：“为什么要承受这样的痛苦？没有这些痛苦该多好啊！”于是我们本能地想要逃避，想要远离，把痛苦视为我们的敌人。我们想尽一切办法摆脱，就像是孙悟空在如来佛祖的手掌心里不停地翻腾，但我们发现无论我们怎么折腾，痛苦都紧紧跟随着我们，仿佛黏在我们身上一样，不论我们如何挣扎，它都如影随形，直到它把我们搞得筋疲力尽、失无所失的那一刻，我们才不得不开始承认，我们可能需要与痛苦长期相处了。但恰恰是当我们开始真正地做好与痛苦持久相处的准备时，痛苦的意义反而悄然有了改变。

这种改变，正是妈妈们通过文字向每一位正在阅读的父母伙伴所传递出的真实体会，让我们得知这样一个真相：**痛苦是真正逼我们必须脚踏实地、坦诚地面对生活，开始与自己、与孩子和解的唯一法门。**

唯有穿越痛苦这道门，内心开始发出这样的感触，“是啊，这么痛的事情都经历了，我还有什么再害怕的呢”时，人的内心才能够抵达无所畏惧的状态。因此，痛苦是上天对我们每个人的考验，也是推动每个人成长的珍贵的资源。

这不禁让我想到了“梅花香自苦寒来”这句出自《警世贤文》的诗句。真正的转折和突破，来自我们面对痛苦时的心态转变，而真正强大的心灵，注定要经受痛苦的历练。

在被妈妈们敢于面对痛苦的力量所感动的同时，我也想从自己的视角分享我对于痛苦的理解，以及痛苦所带给我们的意义。

一、痛苦的产生

其实，痛苦可以从内外因两方面去理解：外因源于现实生活中出现的挫折，内因源于个体认知里出现的偏差。

一方面，当生活里出现不顺，事情开始变得糟糕时，痛苦随之而来。另一方面，我们内心对自己的生活应该是什么样子，存在一个认知的定势，比如“孩子应该听家长的”“孩子就必须学习好”等固有认知。如果事实情况偏离了自己原有的认知，比如，当出现孩子不再按照我们的想法做事情，孩子无法继续学业等情况时，会让我们在认知层面出现极大的不适，从而引发痛苦。

二、痛苦的意义

就如同上述引用的那位妈妈对痛苦深刻的觉察一样，痛苦最初是生活向我们发出的一种讯息，用一种让我们感到不适的方式来揭示生活中出现的问题，痛苦的程度越强，就意味着我们越是无法忽视这个问题。

进而，痛苦来到我们面前的意义也许恰恰就是要来撬动我们原有的认知，改变我们过往的僵化、匮乏的情感关系模式，使得我们不得不真正直面自己的成长，直面孩子的成长。它让我们用更加深入的视角去觉察，让我们开始意识到自己一直以来倚仗的价值观和人生观并不能决定生活的全部样貌，以及我们原有的认知给孩子带来的究竟是怎样的影响。

唯有如此，才是真正的转机与突破。“梅花香自苦寒来”，唯有耐得住苦寒，才能等来梅花的香。这并非什么大道理，这是生命本身的韵律。

文章中妈妈们从各自不同的角度讲述了自己和孩子的转折与突破，这都让我看到了妈妈们再次面对曾经痛苦时的那种果敢与放下，这些都令我钦佩与感动。

三、消解痛苦的有效方法

不回避，直面痛苦。

当我们不再害怕痛苦，更多地开始允许痛苦出现时，我们才有机会慢慢发展出这样一种豁达无畏的心态："孩子，没什么好怕的，就算天塌下来，有我顶着""最坏无非不就是这样了嘛，还能怎样""只要好好活着，其他的都不叫事儿""以前觉得这些叫个事儿，经过了这些日子，枪林弹雨都扛过去了，大风大浪都撑过来了，现如今这些事还叫个事儿吗"，等等。

试想，如果我们有了这样一种"什么都不叫事儿"的心态，我们就能够从心出发，重新出发，展示出我们作为母亲的韧性与豁达，给孩子一个安全、牢固的心的港湾。

四、痛苦：领悟的开始

虽然"痛"与"苦"这两个字总是结伴出现在我们的认识里，但其实，"痛"不只关联着"苦"，也关联着其他的东西。我把"痛彻心扉"和"大彻大悟"两个成语放在一起，来与大家分享痛苦的意义。痛得彻底，才能领悟得彻底，当我们真正领悟的那一刻，所有吃过的苦都不再是苦的了，反而会有一种对痛苦的感恩。当我这么说的时候，我相信大部分有过切身感受和体验的妈妈都知道我在表达什么。

佛家有云："有过痛苦，方知众生痛苦。"我想把这句话改成："父母唯有直面过自己的痛苦，方能去面对孩子的痛苦。"

五、痛苦对孩子的意义

同样的道理。

和父母面对痛苦一样，孩子也需要经历并穿越生活的“痛”，去让自己领悟。这个过程与家长经历的是一样的。

虽然我们作为父母会心疼孩子，但我们要清楚地知道，父母无法替代子女去承受他们成长所需要的那种痛，也不应该剥夺他们经受痛苦的机会，因为这也是孩子自身成长的一堂必修课。

我们需要做好孩子的后援，在孩子疲惫和退缩时，给予温情与接纳，剩下的就是把生活交给孩子，让他们去体验。“躺平”是孩子的体验，日夜颠倒也是孩子的体验，这都是孩子尝试用自己的方式处理内心痛苦与焦虑，是孩子成长中必经的发展阶段。父母要给予理解与尊重，相信孩子终有朝一日能够把昔日的痛苦踩在脚下，浴火重生。

六、感恩母亲的伟大

也许是因为女性承受痛苦的能力比男性要强得多，就拿分娩的痛苦来说，在许多模拟分娩痛苦等级的情景试验里，没有多少男人是能耐受得了。所以这或许能解释在一个家庭中，能够承接住孩子的大多数是母亲，而不是父亲。父亲虽然看似表现得很有力量，但未必具备母亲那种心理韧性。现实中的经验也告诉我们，当父亲支持孩子的时候，可能一时一刻还行，但时间长了，父亲会更容易出现不适，很难比得了在母亲那里所展示出的持久的韧性。

正是女性身上所具备的这种性别特质，决定了在家庭中更多的是母亲能够穿越痛苦，始终坚守，最终和孩子一起迎来了转折与突破。

从每一篇文章的字里行间，都看得到妈妈们的蜕变，这种改变既是来自妈妈们经历风雨时内心闪现的那道倔强而美丽的彩虹，更是根植于她们对孩子深深的情感。

作为一名心理工作者，能够有机会在工作中一次次触碰到母爱的伟大，这对我来说是无比珍贵的。感恩与每一个家庭的相伴同行，也感恩能够与每一个正在寻找自己人生答案的孩子相遇。

第四篇

自我关怀与成长

孩子生病或许是一份包装得有些难看的礼物，提醒父母要补回自我关怀这堂课。当有一天学会爱上真实的自我时，父母就有机会和孩子一起蜕变为更好的自己。

——樊瑞娟

面对患病的儿子，妈妈应该如何“坚强”

文 / 次第花开

一

儿子小时候摔倒了，我会对他说：“不要哭，站起来，你要坚强！”

儿子天真地问我：“妈妈，什么是坚强？”我说：“跌倒了不哭是坚强，面对任何困难保持乐观的态度是坚强，锲而不舍做好一件事情是坚强。”

儿子休学这两年，我才发现，我一直都在伪装，我一点儿也不坚强……

儿子在家闹得天翻地覆，我很心疼地抱住他，告诉他：“妈妈知道你很痛苦，妈妈一直都在，妈妈会帮助你。”其实，一走出家门，我就卸下了所有的伪装，蹲在路边崩溃地大哭，完全不顾路人诧异的眼光……

儿子把自己封闭在卧室里，我只能每天变换着花样给他做各种美食，哼着歌拖地打扫卫生，给餐桌铺上整洁的台布，放上一束盛开的鲜花；我给儿子发信息告诉他：无论他见不见我，永远都是我最心爱的儿子。

其实，一回到自己的卧室，我就经常用手机把自己身上砸得青一块紫一块，把自己的胸膛抓得稀烂，这样才能缓解我心中的恐惧和不安……

三

凌晨一点，我坐上开往另一座城市的火车；六点钟在医院排队拿号；买了一大包中药，赶下午五点四十分的火车回家。到家后，我兴高采烈地对爷俩说，今天逛了逍遥津，买了桃酥，吃了小龙虾。

其实，一大清早穿过那条正在维修的公路时，我心里很害怕；天没亮我站在医院的门口冻得瑟瑟发抖，看着清冷的大街上偶尔呼啸而过的汽车，我内心感到无比的凄凉……

和儿子出门去沈阳旅游时，我笑着对儿子说："妈妈正想坐飞机，儿子满足了我很多年的愿望。"坐上飞机的那一刻，儿子有点儿紧张地拉着我的手，我让自己面带微笑，和儿子一起欣赏窗外的风景。其实有恐高症的我浑身发抖，终于忍不住大吐特吐。我对儿子说："没事，我只是有点儿晕机，坐飞机的感觉真的很好……"

到沈阳后，儿子各种不适应，我安抚着儿子："这座城市很好，有故宫，街心公园也很大，还有东北炖菜，人也朴实。我都不想离开。"

其实我成夜失眠，皮肤过敏起了一身疙瘩，每天夜里都要偷偷起来洗澡，才能洗去身上总有虫子爬的感觉……

儿子对心理干预很抵触，吵着要提前回去。我微笑着说："妈妈尊重你的选择，咱娘俩等于来了一趟亲密的亲子游。妈妈很幸福。"其实下午的时候，我一个人坐在公园里，看着灰蒙蒙的天空无声地流着眼泪……

面对那些上门要债的客户，老公指着我不停地咒骂，让我赶快把事情搞定。我化上淡妆，穿上高跟鞋，又恢复了以往游走于客户之间的干练和泼辣，我笑着跟他们调侃："姐现在重出江湖了……"

其实每天晚上回到家，我都把卧室门紧闭，把灯关上，一个人坐在床上，不想动，不想面对任何人，只想让黑夜把我彻底吞噬……

三

我创建了线上社群，两个月的时间已经初具规模。每天我都很忙碌：邀请老师讲课，安排家长分享，带着群友参与读书会，整理文章，主持案例分析语音会议……

很多人都夸奖我，说我在干一件有意义的事情。其实，我心里一直很烦躁，总是有种莫名的恐慌感。很多时候我都会把手机关机，跑到小区的河边大喊大叫，不想再伪装。

我真的一点儿也不坚强。我没有能力面对一地鸡毛的现状。我试着向老公示弱，我渴望老公能给我力量；我一点点儿地柔软

下来，老公无数次怒吼，我看到的是老公背后隐藏的脆弱。我只是说："对不起，很多年我忽略了你，从今天开始，我只想好好地爱你。"

老公和儿子发生了冲突，老公狠狠地说："我再也不要这个白眼狼了。"我对儿子说："从小到大，我们一直用自己的方式爱着你，没有用你需要的方式爱你，以后，你可以好好地做自己。"

我对老公说："我看到了你的痛苦，是我不好，在儿子成长的路上，我没有正确地引导他，让他对你产生了误解；请相信，我们的儿子是好儿子。这段时间他也在迷茫，在迷茫中他会成长的……"

我真的一点儿也不坚强。我一直在伪装。我想停下脚步专注地看着路边的花朵，我想到瀑布下感受水滴溅落石头上又跳到我的脚面上的清凉，我还想到香山看会儿在太阳下发光的红叶，我想做个快乐的旅行家，我渴望有个坚实的肩膀可以让我依靠……

看着儿子日渐增多的笑脸，看着儿子可以一口气跑五千米的矫健身影，看着儿子台灯下写作业时专注的神情，我告诉自己："一定要坚强。"

我真的一点儿也不坚强。我一直在伪装。我想停下脚步专注地看着路边的花朵，我想到瀑布下感受水滴溅落石头上又跳到我的脚面上的清凉，我还想到香山看会儿在太阳下发光的红叶，我想做个快乐的旅行家，我渴望有个坚实的肩膀可以让我依靠……

我的心理治疗师

文 / 秋水可可

英国心理学家温尼科特说：**“每一个孩子，都是父母天然的心理治疗师。”借由孩子，我一步步觉醒……**

曾经，我只有看见孩子学习才是舒心踏实的，只要她不在学习，我就开始唠叨责备；曾经，我知道她的学科短板，给她报辅导班，替她各种总结归纳；曾经，孩子不管说什么，我总能发现其中的问题要纠正她，要端正她三观；曾经，孩子的所有问题我都当成自己的事，一力解决；曾经，孩子的每一笔开销我都要过问，让她来找我报销……

直到高二女儿出事。

最初她频繁请假，在宿舍里哭，说坐在教室里学不进去，大脑一片空白，不认识卷子上的字。还无法参加期末考试，考了一半我把她接回家。然后是全身疼，返校时候感到压力大，到学校门口感觉心都快跳出来了，要喘不过气来了……她说自己像口高压锅，咒天骂地，处处看不惯，到处遇到麻烦……

当时我都蒙了，内心充满恐惧，因为她爸爸在她 6 岁时得了双相。我内心一直有根弦悬着，怕这病波及孩子。当我被恐惧控制的时候，内心充满了抗拒和防御，女儿的抱怨更让我“抓狂”。我自己更是委屈万分：“我每天活得像只狗一样，还要承担你的负面情绪，凭什么呀？！谁管我呀？！里里外外都是我，又当妈又当爹，我不够辛苦吗？！”

我每天心里都觉得委屈，忍不住抱怨，在群里“吐槽”老公和女儿。有天早晨一个群友对我说：“你真不容易。”这句话让我在众目睽睽的地铁上哭了一路，情绪宣泄完了以后，我想：算了，接受现实吧，真该来我也挡不住，随便吧。

点醒我的是群主的一句话：“孩子没问题，是你容纳不了才觉得她有问题。”这句话让我找到了方向。我需要能容纳孩子。

有半年时间我自己把它叫作“井喷式成长”，我学习了《父母的觉醒》《非暴力沟通》《被讨厌的勇气》《蛤蟆先生看心理医生》等心理类图书，进了很多群，辗转到了渡过——参加培训，“泡”群，与群友争论吵架。学习了各种理论，我知道了想接纳女儿的前提是先接纳自己。

首先停止的是对自己的评判，无条件地爱自己。其次，我在生活里认识很多人，把他们作为镜子，发现自己有资源、有局限，不好不坏，一切都是正匹配的样子。最后，容许自己可以是脆弱的、无能的、不堪的、不被爱的，这样的自己就整合完整了。我变得柔软，看自己顺眼之后，看老公和女儿也就宽容多了。

理论是武装起来了，但是我一行事就回到旧模式。

于是我开始复盘，每件能引起情绪波动的事都复盘，情绪波动的背后藏着自己的创伤，需要被疗愈。这等于把自己摊开、撕开，接受各种看见、质疑、攻击、嫌弃、指导、赋能。不破不立，我愿意展现自己脆弱的一面，只为能得到疗愈，获得成长。有时候还真需要被人骂了才能破了自恋的壳，才能反思觉醒。

说到家庭疗愈，不得不提到我老公。很长时间我都觉得家庭疗愈于我像个笑话。爸爸应该被尊重和托举，可是我家的孩子爸一直被我和女儿嫌弃，尤其是我，把所有的不如意都怪罪于他不挣钱，不能承担责任。直到有一天一个群友问我：那你为什么不离婚？我突然也在想我为什么不离婚呢，因为有他就有完整的家。因为他情绪稳定，我做什么都支持，从不找我的事；因为他让我有安全感，我们也能说上话；因为他是弱的我。我不断地在学习怎么接纳自己，这些理论也适用于接纳老公。

我改变了各自为政的局面，一方面看见、肯定老公，一方面要他承担能承担的责任。他被接纳后，自己也觉得得到了尊重，自愿每个月给我交家用。

女儿这边，我学到一个让孩子主动学习的方法，说是一个月时间家长闭口不谈学习，只说孩子爱听的话，只关心孩子的身体和情绪。如果孩子主动谈学习，家长就回应“一切由你做主”。整整一个月之后，孩子就知道了学习是自己的事。当时正好是疫情期间，我和孩子隔离在两地一个月，我绝口不提学习的事。一个月后责任真的移交了。别人问我：是不是感觉轻松了？那可是真的像卸下千斤重担一样的轻松。

我也学着功劳归孩子，荣耀归孩子，嘴巴镶金，多看见，多鼓励，托举孩子。为了提醒自己，我给孩子加上备注，从最开始防止我总是发现问题的“她很好”的备注，到防止我总想帮助她解决问题的"她能解决自己的问题"的备注，再到"鼓励和赞赏"，现在是"她有她的道理"，我和女儿"渐行渐远"。

获得自主权的女儿，点外卖的次数多得连小哥都会善意提醒："又是你？怎么天天吃外卖？"她有两个手机，每天晚上在出租屋看手机玩到一两点，在二次元圈子深度浸淫，热衷于"买谷"。随她去吧，反正也管不住。好在她一直在学校。她说这是她的放松方式，要不然她就承受不住了。

真是一边焦虑，一边疯狂，一边成长。

如今女儿是大一的学生，进入大学后情绪突然就正常了，不暴躁、不抱怨，平静地过自己的生活去了。我们现在是经济独立，互相尊重，互不干涉"内政"。

借由女儿生情绪病，我觉醒成长之后，破了自恋的壳，认识到了自己的局限，进而能包容别人的局限性，打开心胸，允许一切发生。走到现在，我不再抱怨谁，不再操谁的心，平静、平和地学习、工作，享岁月静好之福。以前我不信什么离苦得乐，现在是真正体会到了。

女儿才是我生命里的贵人，是我的心理治疗师。

首先停止的是对自己的评判，无条件地爱自己。其次，我在生活里认识很多人，把他们作为镜子，发现自己有资源、有局限，不好不坏，一切都是正匹配的样子。最后，容许自己可以是脆弱的、无能的、不堪的、不被爱的，这样的自己就整合完整了。我变得柔软，看自己顺眼之后，看老公和女儿也就宽容多了。

热爱不完美的自己
——抑郁症孩子家长的自我关怀

文 / 野蛮生长永不彷徨

早早地就看到了渡过发布的“父母的觉醒与成长：6月特别征稿活动”通知，我未能动笔。因为我认为女儿尚未恢复社会功能（复学或工作），所以我的觉醒与成长似乎不是那么闪亮。

但今天看到群里通知“孩子生病后，家长的自我关怀”这一主题，我有了些许底气和勇气来敞开心扉。

是的，我女儿不到14岁时确诊轻度抑郁症，15岁时确诊重度抑郁症。从15岁休学至今（20岁），一直未能完全康复。这一路跌跌撞撞、伴着血泪与痛楚的艰难前行，如果没有对自己的接纳、关怀、爱，是根本无法坚持下来的。

群里有位漂亮优雅的妈妈说：**“我在最难的时候，想着就算不能双赢，无论如何也要保证单赢。因此，我时刻提醒自己，要爱自己、活好自己、照顾好自己。”**我被她的话深深打动了。

时至今日，我以为，也许我已经实现了“1.5个赢”。

其中“0.5个赢”是属于女儿的。一度以为上不了大学就不配活着的她，现在热爱生活，愿意拥有未来，愿意活出越来越美好的人生。正常作息，有梦想，有行动，关爱家人，理性消费，脾气温和，注重身材管理，学习化妆，活得美丽又健康。目前她的人生规划是：学习钢琴、乐理、英语、日语、文学，多看书，通过书籍增长自己的阅历和见识。她确信一万小时定律能帮助自己实现人生梦想。

为什么算不了“1”呢？因为女儿目前正在各种积极尝试中，未出成果，也未体现出持之以恒。不久前，她尝试了家庭主妇、上班族、重新高考三条人生道路。

而对于“1个赢”，我则信心满满地算在自己头上。自从2022年3月加入渡过平台学习以来，我渐渐把“自我关怀”挂在嘴边、输入大脑里、刻入心里，慢慢活出了活力、健康、和谐、满足的生命状态。

电视剧《人世间》中的郑娟说：“孩子的人生是人生，大人的人生就不是人生了吗？”回想我为了女儿各种“牺牲”“奉献”，活得疲惫悲壮的前半生，那些掺杂了太多焦虑、恐惧、期待、控制的爱，是真爱吗？真的是孩子需要的心灵营养吗？

当初14岁的女儿对医生控诉说：“妈妈就是我最大的焦虑源。妈妈不通人性，又偏执，我真是秀才遇到兵，根本无法沟通。”我好愤怒、不解、委屈，以为自己活得很正确，以为女儿叛逆不懂事。

学习成长后，我特别认同女儿的话，也感恩女儿用抑郁唤醒了我，帮助我走上了“自我关怀”之路。现在我感受到的幸福体验，远远超过过往人生的总和。

如今的我，确信并践行着：

第一，爱孩子，先爱自己，爱满自溢

人是拿不出自己匮乏的东西的。能自我关怀、好好爱自己、活出自己的父母，能活出松弛感、幸福感，能捕捉到生活中的小确幸、小美好，那些丰盛的喜悦、接纳、积极、乐观、信心、爱、温暖，会自然地满溢而出，流进孩子的心田。

第二，放下自恋，放过自己，放过孩子

父母的觉醒与成长，一定能换来孩子的觉醒与成长吗？

执念、求而不得、迫切总是让人平添许多烦恼和痛苦，放下才能得自在。

孩子的抑郁涉及生物、心理、社会等因素。原生家庭养育的影响，只占其中一部分。因此，我放下自恋，臣服于自己只是凡人，无法改变孩子命运的事实。

但可以肯定的是，父母的觉醒与成长，一定能增加孩子康复的概率。女儿常常一脸欣慰地感叹："如果妈妈不觉醒成长的话，恐怕咱俩的坟头草都长老高了吧？"是的，从前女儿有过数次轻生行为。我自己也有过以死亡逃避痛苦的行动，当时我觉得活着就是服无期徒刑，死亡是一种解脱。

如今，我相信人间值得、未来可期，活着真是一件特别有趣、幸福的事。

第三，父母成为自己人生幸福的第一负责人

在那些痛苦到活不下去的日子里，我一遍一遍地问自己："如果女儿不活了，我要陪葬吗？如果女儿活得人不人鬼不鬼，我要陪着沉沦吗？"

痛到极致就能觉醒和成长。我的答案是：不、偏不、坚决不。

人生短短几十载，来去匆匆，来去空空，宛如一场游戏一场梦。也许可以想象为一场三万多天的单程旅行，因为缘分，我和女儿碰巧相遇，同行一段旅程而已。她有她要去的地方，我也有自己想要到达的目的地。我不是她人生的前传，她也并非我人生的续篇。各自活好自己，互相照亮便好。何苦共生绞杀，互相毁灭？

当我能为自己的人生幸福负起第一责任，不再向女儿抓取什么，不再焦虑、恐惧、慌张时，自然就会减少对女儿的期待、控制、逼迫。我收回了自己的人生，也自然而然地把孩子的人生还给了孩子。

第四，热爱不完美的自己

学习成长之前，我错而不自知，还错得理直气壮，按照母亲养育我的方式养育着女儿，自觉已经做出了许多的改良，付出了更多的爱、温暖、陪伴，觉得女儿应该感恩戴德，应该百分百满足我的各种期待。

学习成长之后，渐渐看清了养育路上自己反复踩过的那些大

大小小的坑，意识到孩子只是抑郁已是老天的恩赐。我的内心特别愧疚难过，第一次尝到心脏抽疼的感觉，常常自我厌弃、自我否定：这样的自己怎么配当一个母亲呢？

如今，我总算重新热爱上那个不够完美的自己，接纳自己的光明，也拥抱自己的阴暗，厚着脸皮告诉自己：自己的优点是优点，自己的缺点是特点。

是的，人无完人，做个 60 分的妈妈已足够。我做错了一些事，但做对的事一定更多。不然，我女儿为何如此善良、遵守规则、乐于助人、积极向上呢？而我之所以成为这样的自己，有原生家庭、代际传递、人生经历、认知局限等影响。我在各种局限之下，已经竭尽全力给了女儿最好最多的爱了。

我痛快地原谅了自己，认清了自己种种真相后，重新、真正地热爱上了自己，即使不完美。

第五，用生命影响生命

是任凭孩子拉扯着我们跌入泥潭，还是家长活出新生命去影响孩子呢？

可以想象一个画面：孩子跌入泥潭，正在奋力挣扎。家长是不管不顾跳进去，被淤泥裹挟束缚，动弹不得（一人抑郁，全家抑郁），无助无力地被泥潭吞没；还是家长自我关怀、照顾好自己、活好自己，稳稳地待在坚固安全的岸边，向孩子伸去长竹竿，耐心地、稳稳地指引着孩子慢慢脱离危险？

第六，身教胜于言传

歌手李健说：“今天能不痛不痒地活着，已经是莫大的幸福了！”我时刻提醒自己已经活得足够幸福了，不必再有更多的奢望。因此，我常常能以松弛的状态、愉悦的心情、欣赏的眼光、有温度的表达陪伴女儿，能幸福地安排着自己的人生。**我决心把余生当重生，换一种活法，美美地活好每一天。**

女儿常常心生羡慕：“妈妈，您每天都活得这么快乐充实，好羡慕您啊。我有时觉得挺无聊、挺没劲的。”

是的，我太忙了，开开心心地忙碌于自己热爱的事，以至于都没时间陷入痛苦、焦虑、恐惧中了。每天写写自己想表达的文字，陪伴有需要的家长，“泡”群，听课，看书……当然还有刷不完的精彩电视剧和搞笑综艺，追不完的星，锻炼身体，逛公园，等等。一天二十四小时根本不够用，一生三万多天也根本不够用，人间确实值得，对于下辈子故地重游，我充满期待。

第七，陪伴是最长情的告白

有妈的孩子是块宝。能自我关怀、照顾好自己、活好自己的父母，活得健康长寿，活得智慧通透，活得松弛幸福，可以成为孩子人生路上的助力、底气，尽可能长久地陪着孩子多走一段路。

在陪伴的路上，父母的“爱与榜样”就像一束光，吸引着孩子靠近，让孩子喜欢上父母，愿意和父母待在一起，愿意成为父母的样子。

第八，臣服、接纳、顺应

不和基因、人性、命运作无谓的抗争。**把节约出的力气，去改变自己所能改变的，去接受自己不能改变的。试着和自己的人生和解，把困境合理化、正常化。**我们的人生没有期待的那么好，但一定没有想象中那么糟。谁的人生又是一帆风顺的呢？孩子抑郁前，我们就没有烦恼、痛苦吗？孩子健康成长的父母，就一定万事如意吗？

写在最后

是的，父母是原件，孩子是复印件。我时常提醒自己保持原件的自觉性。

前半生，我活成了我母亲的样子，活得自我牺牲、奉献、悲壮，活成了受害者“人设”，活得焦虑、恐惧、痛苦、疲惫，因而脾气暴躁、负能量爆棚，终于辛辛苦苦地把日子过成了自己不想要的样子，还让女儿真切感受到人间不值得，未来不可期。

后半生，**我决意把余生当重生，换一种活法：自我关怀，保持觉察地活着，按自己喜欢的方式活着，活出健康和谐的生命状态，这是我往后余生唯一的、最重要的事。**

放下执念，只管去热爱，热爱不完美的自己，热爱这绚丽多彩的世界，热爱生活，去学习自己喜欢的知识，去做自己热爱的事，活得松弛幸福、喜悦满足、元气满满……我正努力向女儿示范着人生最好的打开方式。

在陪伴的路上，父母的“爱与榜样”就像一束光，吸引着孩子靠近，让孩子喜欢上父母，愿意和父母待在一起，愿意成为父母的样子。

中年少女成长记

文 / 颖

一、中年少女，不识愁滋味的幸运人生

孩子在 2020 年年底被专科医生诊断为轻度抑郁、轻度焦虑状态。量表上有一句模糊的结论："焦虑肯定有，抑郁可能有。"当时看到后，我的脑子一片空白，没有情绪。之前我也做了一些查阅资料的功课，但似乎这些都认识的字，组合起来在我的脑中划过的时候，并没有带来什么感觉。之前的悲伤、不甘、气愤，在那一瞬间啥都没有出现。我记得我问医生："按医嘱吃药，两周是不是就差不多解决了？"现在回想，医生内心可能闪过一丝悲悯，也或者是嘲笑，但那时的我什么也没看出来。这其实也是一个体现我的性格特质和行为的典型场景。自我总结就是，我是一个正宗的低敏感人士，或者用好听的话讲，"钝感力优秀"。

秉持这样的"天资"，我顺利而快速地滑行过四十三年人生，生活过得紧张、充实、开心、快乐。学习和生活在"干就行了"的简单想法驱使下，顺风又顺水，从家附近的子弟小学到市

重点初中到省重点高中，再到全国前三的“985”大学热门专业，进入了一个上了黄金二十年快车道的行业，并从工资收入高的企业干到了体制内有个不高不低的位置。适婚年龄碰到谈得来的长我五岁的男同事，走入婚姻。婚后按节奏生女，孩子健康成长，顺利上学，成绩优秀，不用操心。家庭、事业都那么丝滑，比上不足，比下有余。现在回头看，一切都很顺利，没有碰上什么糟心事，我的心理觉察力似乎和生理成长以及学业、事业的成熟度差距相当大。像一个怀着少女心的中青年，外熟里嫩。以至于当孩子陷入困境，我去找领导要求调整工作到清闲的岗位时，我开口说的第一句话就是，“我顺利学习工作成长了四十年，现在遇到了大困难”。

学会闭嘴，真正觉醒前的表面文章

多年的努力和顺利进阶，让我已经形成了一套问题解决的方案：学习、研究，做充分的准备，制订系统的解决方案计划，全力以赴地高效执行。似乎没有什么问题解决不了。但这一切，在孩子陷入情绪困境这个困难面前，一败涂地。我的陪伴和支持越“努力”，整个事情就越是南辕北辙，背道而驰。对孩子多用力，结果就有多“打脸”。四十多年的生活、工作经验在那一段时间内，完全帮不上忙。

由于一直参与的某个公益活动，让我在孩子出状况的第一时间就接触到了渡过社群及其平台组织。我积极看书、上课、入群学习，甚至把这些都放在生活的第一顺位。理论学了不少，但我对于真正的同理倾听和有效陪伴，其实还停留在入耳层面。从渡过学到的一些理念和方法，也只是嘴上跑火车，并没有入脑入心。一开始的一年里，我努力闭嘴，有求必应，但隔一两个月就会因为一些分歧和孩子激烈交锋，甚至落荒而逃，恨不得离家出走。我们之间的矛盾冲突发生了五六次。

后来学习非暴力沟通才明白，这就是典型的**“情绪不会因为压抑和埋葬而消失，只会腐烂发酵并以更丑陋的形式爆发出来”**。家长的情绪是需要表达出来的。我自己并没有真正改变和成长，对孩子的支持也很有限。但孩子是顽强而幸运的，在休学仅 9 个月之后就复学了。

自我关怀，调整顺序后的“储能”生活

被打击得多了，加上我逐渐把注意力和精力更多地收回到自己身上，在兴趣的引领下，我调整好了自己的生活内容。

首先是坚持长跑。长跑是兴趣驱动，也是长期习惯，是我缓解焦虑的第一良药。天然的内啡肽让我保持心灵的健康和充沛的精力，也让我不断精进，刷新自己的成绩，参加比赛活动以及和跑友互动，在过程中得到了很多的社会支持和实现了自我价值。第二是积极参与渡过平台的志愿服务，并通过考核成为一名陪伴者。在与群友的互动和陪伴倾听的过程中，我得到了滋养和提高。这也离不开我爱说话、爱聊天的兴趣和性格特质。第三是学习非暴力沟通。由于我积极参与社群志愿服务，爱互动、热心肠，我被平台运营团队注意到，有幸参与到渡过家长课程志愿活

动中，成为亲子沟通训练营的助教，承担学员班主任工作。得此良缘，我进行了系统学习，并带领着训练营学员进行日常运动打卡、亲子沟通实操互动练习等。

至此，又经过一年多的觉察和沟通练习，我才真正能基本做到非暴力沟通的四要素——观察、感受、需要、请求，能够较好地倾听和感受到我自己、爱人、孩子的情绪，以及情绪背后的内心需求。**我逐渐把生活的顺序梳理为：先做好自我照护，锻炼身体，调节情绪；对家人采用非暴力沟通，让爱在家庭内流动。**

初见彩虹，历经风雨后的丰盈内心

孩子花式复学两年之后，平静顺利地通过学业水平合格性考试的各门考试，这意味着高中毕业证无忧了。进入高三，目标转型为美术艺术生的孩子进入高考前集训阶段。一次次崩溃，一次次平复，我在跑步、助教、陪伴孩子和群友的过程中，支持孩子走到了高考。先是我心存忐忑，担心孩子能不能全程考完艺术生联考，到一个月后收到傲人的成绩单；接着是孩子轻松参加第一次英语听说考试，取得只扣一分的好成绩。接下来就是高考体检，也在担心中顺利完成。很快就来到了6月的文化课高考。这个时候，我心里已经充满自信，毫不担心孩子不能走进考场或是不能完成四天的考试了。果然，四天转瞬即逝，都有点儿顺利得不真实。几天前，孩子的高考成绩出来，比预期的高了四十多分。孩子心仪的学校和专业稳了，甚至还填报了冲刺更好学校的志愿。

经过这几年的风风雨雨，生活的彩虹重新出现。我的内心更加丰盈和饱满，充满了平静和自信。我对生活的觉察更多元和丰富，对世事变迁看得更通透坦然，遇事能客观抽离情绪，对自己的内心进行“觉察俯瞰”，再快速调节，保持平稳的状态，稳稳地过好每一天，不去焦虑孩子未来的大学生活。在照顾好自己，支持到家人的同时，有余力就去陪伴我的来访者和群友，陪伴他们一起成长。

我逐渐把生活的顺序梳理为：先做好自我照护，锻炼身体，调节情绪；对家人采用非暴力沟通，让爱在家庭内流动。

稳，就是最好的接纳

文 / 糖姐

枝丫可以受伤，但大树不能倒下。父母要像扎根的大树，不管风雨如何飘摇，仍然稳稳地伫立。

发生疫情的那一年，我曾经一帆风顺的生活突然迎来了一次重创，上大二的女儿被诊断为抑郁症，我根本无法接受这样的现实：为什么美丽优秀的女儿会遭受这种痛苦？虽然我以前是做护士的，经常会听到我的同学讲起他们医院里的一些抑郁症案例，但是我觉得这些都离我很远。而且，我发现其实自己对这种疾病一无所知。

孩子回到家中，晚上无法入睡，不愿出门，我慌乱无措，眼泪经常不自觉地夺眶而出。孩子愿意去看医生，开始吃舍曲林，接下来疫情暴发，大家封闭在家，我只能每天上网疯狂查找抑郁症的有关信息，于是我进入了渡过社群，在这里我发现大家能够倾诉烦恼，互相支持，我不再是一个人。

服药两个月后，女儿的睡眠情况有所好转，每天大部分的时间是在床上看手机度日。熬到疫情解封，正好新学期开始，女儿坚持回到学校，因为她觉得考上这个学校太不容易了，不想因此放弃，但因为吃的药量很少，孩子在学校里病情出现了变化，出现较强烈的轻生念头，我提议陪读或先休学治疗，但孩子不同意。这时候老公的公司又因为疫情的原因停滞不前，他特别焦虑；我的妈妈在经历疫情封闭期后突然焦虑严重发作。那真是一段非常黑暗的时期，我每天都生活在恐惧里面，经常会在半夜醒来，坐在那里默默地流泪，我就用《飘》中的一句话"明天又会是新的开始"来鼓励自己。所以我每天尽量让自己正常吃饭，正常睡觉。我告诉自己，如果我也倒下了，我的家人怎么办？但是这些事情我以前从来没有经历过，我特别担心会失去我的女儿，而且几乎所有的信息都告诉你，这种疾病很难治愈。我不敢告诉我的父母，怕他们承受不了。有一天晚上我感觉要崩溃了，在公园里狂走，夜色让我恣意痛哭，我想到了各种最坏的结果。**最后我告诉自己：我不能再这样沉溺在恐惧里面了，我一定要想尽一切办法让我的孩子好起来。**如果尽了我最大的努力，她还是离我而去，那么只能说明我们无缘，我还是会坚强地活下去！这段话就像对自己的一个告白，也让我明确了接下来的方向。

孩子不愿意再就医，也不愿意接受心理咨询。因为她说不喜欢和陌生人去说这些难过的事，那我就要做能够真正理解她的痛苦的人。

于是我开始去正式地学习心理学、病理、药理知识，我在社群里"泡"着，观察别人走过的弯路、康复的案例，我就想我要先做好这些储备，在孩子需要的时候，才能及时提供支持，我必须要行动起来，才可能带来转机，确实这些在孩子后来的治疗中起到了很关键的作用。所以在很多家长苦恼孩子对他们抗拒时，说是不是只能等待，什么都做不了时，我想说，**所有的积累都不会白费，通过时间的沉淀、自我的觉察、对生活的观察、实实在在的调整，一定会有水到渠成的时候。**

我用自己的所学在群里和大家积极交流，在这个过程里面我也积累了很多陪伴的经验，每次在孩子有情绪波动的时候，我都能及时和她沟通，重建了她对我的信任。

学习帮助我克服了因无知产生的恐惧，让我敢于跟孩子谈论生死，也能更好地理解和倾听她。在后续无数次她情绪崩溃时，我都能够平静地陪伴她，让她感受到，没什么大不了，在妈这啥事都不算事，咱们都能跨过去。

女儿曾经问我："你觉得活着的意义是什么？"我这一生平平淡淡，我真不知道如何回答。那我想就用行动来证明吧，于是我就从社群的志愿者做起，慢慢地到群管理员、群主、陪伴者、团队长，再到做公益直播，女儿一路见证了我的变化，并且非常支持我，她看到了人生不管在哪个阶段，都会有无限的可能性。女儿找工作时很焦虑，我告诉她没事，不行妈妈先陪你去流浪，年轻就是要折腾的。现在的她有平稳的工作，也不再苛求自己完美，慢慢找回了幸福感。

心理学上有一个"镜像效应"，**孩子是家庭最好的观察者，父母就像一面镜子，当你们一直处于担心焦虑中，孩子其实都能清晰地感知到。很多人觉得无条件接纳就等于完全顺从，但如果在这个顺从之下，压抑着很多的无奈和不满，永远不敢坦诚真实，这种所谓的接纳，其实没有建立在理解的基础上。我们都无**

法理解自己身上到底发生了什么，无法感知自己，无法接纳自己，又怎么可能给到孩子稳定的力量呢？

心理学家荣格曾说："你所抗拒的不仅不会消失，反而会日益强大。"当现实与我们的预期不符时，我们就会本能地抗拒，于是悲观消极淹没了我们的心，让我们无法看见更多的可能性。如果我们能顺应现实（虽然它令我们痛苦，但又无法回避），就意味着接纳自己当前的状态，接纳他人不符合我们的期待，接纳当下的处境及需要面对的现实，并做出适当的行动。

我们要允许自己体会真实的感受，饱含关怀地肯定它，你的孩子自然也会明白他的任何感受一样可以被允许。情绪没有绝对的好坏对错，我们很多时候会被自我的认知禁锢，一直以来，生活的规则化可能让我们丧失了心灵的灵活性，让我们试着把孩子的人生放远了看，当下的困境只是人生河流中被堵住的一小段；让我们试着把思维的角度扩大，相信这世界上每个人都会有自己应有的位置。**生活是变化的，现在不代表未来，正视我们内心的恐惧，调整自己，关爱自己，请所有的父母相信孩子永远是爱你们的，当你们活得好、站得稳时，孩子才会有更高的配得感和安全感，才会不惧艰难困苦。**

这几年的陪伴实践，也让我更加认定了张进老师提出的"生物–心理–社会（包括家庭和环境）"抑郁治疗整合方案，避免单一论和绝对论，要根据个体情况，客观科学地去看待，永远要抱有敬畏之心，找对方向，就有希望，请坚信你可以！

最后送大家一句话：不悔过往，过好当下，不畏未来！

生活是变化的，现在不代表未来，正视我们内心的恐惧，调整自己，关爱自己，请所有的父母相信孩子永远是爱你们的，当你们活得好、站得稳时，孩子才会有更高的配得感和安全感，才会不惧艰难困苦。

从他渡到渡人

——女儿抑郁后一位心理咨询师的蜕变之旅

文 / 二月花

2019 年寒假前夕，女儿在和爸爸的一次激烈冲突过后，坚决不上学了，老师建议我带女儿到医院看病，诊断结果是“重度抑郁”。我从震惊、否认，到崩溃、接纳，与渡过社群结缘，重拾心理咨询师身份，开启了一段“他渡—自渡—渡人”的抗郁旅程。

他渡：被渡过疗愈滋养

昔日乖巧懂事的女儿突然退回家中，整日卧床不起，窗帘拉得严严实实，屋内东西堆得乱七八糟，脸不洗，头不梳，房门紧锁，心门紧闭，谢绝所有人入内。

更可怕的是，女儿眼里寒光闪闪，眼白上翻，眉头往中间挤着，像极了电影《狗十三》里的女主李玩，那眼神仿佛能杀人。有时，她的眼神又直直地、不屑一顾地、挑衅般地斜着看我，让我的心不寒而栗。突如其来的变故搞得我猝不及防，一夜之间女儿就变了个人，像被人施了魔咒。

是她变懒了？故意在“作妖？”偶尔闹情绪？拿捏家长？叛逆？……我百思不得其解。为了寻找答案，我上网搜索“抑郁症”相关信息，听了张进老师的抗抑郁知识讲座。

原来抑郁症是一种病，孩子的种种表现都是症状，不是故意“作”、闹。我犹如一位在波涛汹涌的大海中迷失方向的航者，急切地紧握住张进老师创立的渡过这一缕希望之光。

我毅然决然地加入了渡过家长群。在这片温暖的港湾里，我全身心投入其中，与群友们展开了热烈而深入的交流。我倾诉着孩子作息混乱的困扰、自己束手无策的无奈，以及家庭中冷漠无情的气氛和对孩子前途未卜的担忧。

渡过家长群接纳了我，在这里，我找到了“组织”，找到了“战友”。群友们相互抱团取暖，群主和热心群友们经常分享用药体会、心理知识、陪伴经验等。他们的关怀和温暖，如同点点星光，驱散了我心中的阴霾，照亮了我身处的黑暗。

渡过的三次线下营，让我找到了前进的方向。2019 年 4 月，我参加了渡过苏州线下营。在那里，我和伙伴们抱头痛哭，释放了压抑多年的委屈后，心情变得轻松了一些。我把参营经历写成了文章《那些日子，咱们一起哭过笑过》，发表在渡过公众号上，读者反响强烈，张进老师也对我的文笔大加赞赏。

女儿和营里认识的小伙伴开心地荡着秋千，这场景深深地感染了我。我那个可爱的女儿还在，我要把她唤回来。我又充满了力量，发誓做一朵凌寒绽放的“二月花”。

2019 年 5 月，我参加了渡过北京线下营。女儿常常黏着邹峰老师，我恍然大悟，邹峰老师体型和我老公相似，女儿潜意识里是找了个假“爸爸”来索爱了。看来我以为的“女儿对爸爸只有恨”是错误的。于是，我开始着手修复夫妻关系。

2019年6月，我参加了渡过青岛线下营。有一天早晨，我带着相机在附近的海滩漫步，受邀给偶遇的几位渡过女群主拍照。群主们摆出各种美丽的姿势，银铃般的笑声一阵阵传入我的耳膜。其中“圆圆”姐姐深深吸引了我，她虽不再年轻，但她柔美的姿态、放松的神情，让我看得如痴如醉，我想到了“女人如水”这个词。我心中感慨：这才是如花般绽放的女人，这才是男人眼中渴求的女人模样。

《道德经》中提到水：“天下之至柔，驰骋天下之至坚。”

水是天下最柔软的东西之一，却能穿透最坚硬的事物。我何不换一种姿态，用水的柔美和智慧，去化解老公这块又臭又硬的石头呢？

当我的方向明确了，家就发生了可喜的变化。女儿不再与我怒目相向，开始向我诉说心事，开始试着复学，开始参加毕业考试。老公逐渐找到了“一家之主”的感觉，他会绅士地为我拉车门，会哼着歌变着花样下厨房，会主动背起大包小包陪我和女儿去旅游，还会温柔地撸猫遛狗，也会牵着我的手在大街小巷寻找美食。我的笑容重新回到了脸上，运动健身，读书学习，打扫房间，学做美食，忙得不亦乐乎。**家不再是冰冷的地窖，变成了温馨的港湾，女儿开心地说：“现在我是有爸妈爱的孩子了。”**

渡过是个疗愈场，里面有成体系的课程供我学习，线下营的老师和辅导员耐心陪伴着我和孩子，社群里的群主、群友滋养着我，疗愈着我，给了我们全家人与抑郁抗争的勇气和智慧。

自渡：接纳带来家庭改变

人间实苦，唯有自渡。我不再寄希望于神医，而是拼尽全力救孩子。父母是教育孩子和助力孩子康复的第一责任人。

接纳是改变的开始。

1. 接纳孩子

女儿病倒后，我从渡过群里找到了答案。抑郁症是一种病，是可防可治的，是可以康复的。原来我的女儿是生病了，她还是我可爱的女儿，她现在只是暂时遇到了困难。

回想起我重感冒两周时，姐姐没有一句埋怨，只是默默地陪着我，为我做好一日三餐，用温暖给了我康复的勇气和力量。孩子需要的也是这些：接纳、陪伴、温暖、力量。我开始心疼孩子，看她的眼神也变得温柔。

孩子还是我原来的孩子，只是她现在坠入了深渊，她的种种行为都是在求助。我不应该责怪她，而应该和她共同面对，赶走抑郁症这条“黑狗”。

2. 接纳老公

女儿生病前，我和老公的婚姻已经风雨飘摇，矛盾积怨很深。就连我爸去世出殡这样的大事，老公都能借故拖到最后一刻才到场。在我的评价体系里，老公是个“差评师”，常常鸡蛋里挑骨头，自私懒惰，遇事没担当，生活没规律，并非良人。

女儿生病后回忆：爸爸常年缺位，偶尔回家一次，就是把她暴揍一顿后走人。女儿生病后，老公非但不帮忙带着女儿看病，还大叫着“离婚”摔门而出，他认为女儿的病都是我“惯”的。女儿求我跟她爸爸离婚，女儿怨我在她遭受爸爸暴力时没有选择报警。为了女儿和自己，我暂时隔离了老公，隔离了痛苦。

孔子说：“君子之道，造端乎夫妇。及其至也，察乎天地。”这句话表明，夫妻关系是所有人伦关系的发源和根基，只有夫妻关系稳固，家庭才能和谐，亲子关系才能健康发展，才能通达天地成大道。但要放下多年积怨，谈何容易，何况我觉得自己比窦娥还冤。凭什么？为什么？

南非总统曼德拉和狱卒的故事帮助了我。我知道了，放下过去，宽恕他人是一种选择。

我要往前看。过了一段时间我才知道，老公“口是心非”。他口中嚷着不管女儿了，私下里却在向身边同事朋友讨教方法，还愿意出钱让我和女儿到国外散心。在渡过苏州营，他诉说着自己因为焦虑，头发大片大片地脱落，整夜整夜睡不着觉，他说自己是来赎罪来了。看到他这么可怜，我开始心疼起他来。我选择宽恕老公。

我做了以下几个动作：

首先，看老公的原生家庭。老公出生在军人家庭，父母常年异地，聚少离多，父亲对他的管教极少，每次回家以离开时揍他或弟弟结束。母亲很要强，哪次考试他的成绩在四个小伙伴中不是第一名，他就得挨揍。父母感情不好，母亲常常对着他哥俩抱怨父亲。母亲上班，把他和弟弟反锁家中，他负责带弟弟，弟弟淘气惹事，他就得挨揍，因为他没有履行好哥哥的责任。简单粗暴的教育方式，极端要面子，活得紧绷，在外人面前笑脸相迎，对家人冷脸相向，这些都从他的原生家庭传递给了他。

他是个缺爱的孩子，也是个没被正确教育的孩子，所以他认为“棍棒底下出孝子”，然后把这一套施加到了女儿头上。他不知道如何去爱别人，说出的话句句扎心，跟我的相处模式是挑错，他认为表扬一个人，会使这人蹬鼻子上脸。

其次，找老公的优点。我开始拿放大镜找老公的优点：他心地善良，看到街上乞讨的人，他都会给人钱，看到可怜的人，他也愿意出手相助；他很有正义感，看到不平事，总能够挺身而出；他真诚友好，能跟周围的人快速打成一片，小区卖水果的摊主都亲切地称他“小胖”……当记忆的闸门打开后，我发现他的优良品格就像一颗颗珍珠，温润美好，闪闪发光。

最后，接纳老公。恋爱是欣赏一个人的优点，而婚姻则是包容一个人的缺点。处在婚姻中的我，需要的是包容。《道德经》里说：“上善若水，水善利万物而不争。”无论是高山还是平川，无论是崎岖还是平坦，水都会稳稳流过，所到之处泽被万物而不与之争名夺利，我应该学习水的品性。当我开始接纳老公的缺点，试着换个正向视角看待他、理解他，不断给他正反馈时，他开始变得柔软起来，试着改变沟通方式，耐心陪伴孩子。我们的夫妻关系越来越好，家庭氛围也越来越和谐。

3. 接纳自我

作为一名职场精英，我无法接受引以为傲的女儿失去光环；作为一名二级心理咨询师，我无法接受自己的女儿患上了精神疾病。为什么是我？是我哪里做得不够好？我是个不称职的妈妈。

张进老师说，精神疾病是“生物–心理–社会”三方面因素共同作用的结果。女儿生病了，并不是因为我。

接触渡过社群久了，从大量的患者样本看出，生病孩子的家长多种多样，有一类最多：缺位的爸爸，要强的妈妈，不良的夫妻关系，社会大环境的“卷分数”。我家就是这样的家庭，孩子怎么可能不生病呢？我释然了。

孩子是用自己的生病来给我们警示：我的家庭生病了，急需调整；孩子是用自己的病来保护自己，她太累了，想歇一歇，避免更大的伤害。我的孩子也能生病，我的孩子也会生病，我的孩子生病也是必然趋势。当我认识到了这些后，我接纳了自己，放过了自己。我不再内耗，而是把精力用在刀刃上。

我买来《精神病理学》《精神科合理用药手册》《沈渔邨精神病学》等书籍，没日没夜地啃起来；热衷收集网上关于抑郁症的疾病治疗、药物研究的相关文章，在社群里热烈地和人讨论医生选择、就诊事项；试着记录孩子服药情况、康复日记，定期陪伴女儿复诊。

女儿病情稳定后，我又着手修复夫妻关系，创造一个有温度、有包容、有弹性的家。以前，我和老公争输赢，现在，我和老公讲感情。

家里欢声笑语多了，女儿也放松了，夫妻关系、亲子关系都变好了。有时女儿和老公会同时来找我撒娇，“状告”对方，这时我总是笑着和稀泥，不点破父女间另类的“爱的表达”。曾经那个剑拔弩张的家，现在变得松弛感十足，每个人都感觉放松而舒适。

陪伴女儿恢复社会功能是最难的。对于休学的孩子来说，复学是一道大难题。对家长来说也是步步惊心，如履薄冰。女儿考前会焦虑无比，一会儿信心满满，一会儿大哭大闹，还扬言“想拿枪崩了自己”。我像一个巨大无比的容器，接纳着孩子情绪的起起落落，静静陪伴着她，等她情绪好时，再慢慢地影响她。

就这样，我陪伴女儿经历了会考、中考，帮助她重回校园，回归社会，找回自我价值。

渡人：成长助我找到未来使命

因为淋过雨，所以想为别人撑一把伞。我在困难时被渡过大家庭温暖，在自己有力量时，就想把它的“知行合一、自渡渡人”的理念传递下去。

我利用自己是国家二级心理咨询师、高级家庭教育指导师、情感咨询师、催眠治疗师的优势，结合自己陪伴女儿的经验，做了渡过的陪伴者、咨询师，想用自己的微光，为抑郁症群体照亮一些黑暗。

最初当渡过陪伴者时，我颇有些胆怯。第一位来访者是位成年男士，接待前我有些犹豫：他为什么不找男性陪伴者呢？怀着忐忑不安的心情，我接待了他，原来他是因为家庭矛盾而出现了轻度抑郁，我向他普及了专业知识，通过梳理，帮他看清了婆媳矛盾的本质，同他一起讨论了后续的行动方案。经过两次陪伴，他开心地告诉我，烦恼解决了，他的生活又重回正轨。

这次经历让我意识到，光有一腔热情和理论知识是不行的。

抑郁症患者千人千面，背后的家庭千变万化，要想陪伴起来得心应手，我还需要有大量的生活实践和咨询实战经验。于是，我更多“泡”在社群里，听不同家庭、不同群友的分享，听平台的公益讲座、直播、付费课程，为群友答疑，积累了大量活生生的案例。

我还报名了心理咨询督导师的实操课程，老师手把手教我做个案，定期进行督导。我和同辈咨询师经常交流个案经验，不断提升自我咨询技能。空余时间，我则会大量研读心理学书籍，做读书摘抄，写心得体会，在生活中运用、精进。

量变带来质变。我做咨询时越来越得心应手，我在渡过也越来越受欢迎，许多群友会激动地向我反馈：“老师，我听过您的讲座，讲得太好了！”“老师，您写的自身经历太打动我了，我是哭着看完的，您把我内心的话都写出来了。”

之后，好消息不断传来：

“阿姨，我昨晚睡得踏实了，今早起来，快乐的感觉又回来了！”

“老师，我的孩子按时参加了高考，考上了外地一所医学院，9月复学后，还交到了好朋友！”

“老师，我老公昨天竟然主动说每月给我5 000块，现在我俩感情可好了，又回到了热恋时的感觉。”

“老师，经过您的疏导，我心里淤堵的地方散开了，找到了未来的方向，不再是一团乱麻，情绪好多了。”

……

在陪伴抑郁青少年及家长的过程中，我收获颇多。我遇到了知音，我们互相关心、支持、鼓励，生活多了很多甜美的味道；我遇到了“铁粉”，我写的文章她会点赞、转发，我的朋友圈动态她常常关注，她过一段时间会打一个电话，只为听听我的声音……我找到了成就感，随着家长、孩子的报喜，我比他们更激动。我得到了成长，我由渡过的陪伴者升级为有经验的咨询师。

其中，我陪伴时间最长的是一位大三学生。初见他时，腼腆，有礼貌，说话慢，衣着简朴。我陪伴着他走过了大三到大四考研难熬的日日夜夜，无数次的考前焦虑，论文答辩前的灾难性思维，9 次参加雅思考试屡败屡战。在我温暖、专业的陪伴下，他以高分通过雅思考试，考入了国外名校攻读研究生。回国后，他又找我陪伴，从求职无门到入职知名大公司，从害怕恋爱到找到恋人，从职场规划到婚恋家庭，我们的缘分仍在继续着。

更多的时候，我是别人临时的“拐杖”。找我陪伴的人来来去去，他们拄着我这个“拐杖”走过生命中的泥泞，走上了自己的康庄大道。在这个过程中，我感到无比幸福和满足。

孟子说：“爱人者，人恒爱之。”

稻盛和夫说：“以利他心度人生，能增强人的成就感和幸福感，最终回报会回到自己身上，对自己同样有利。”

我决定了，要投身抗抑郁群体，用自己的专业和经历，继承张进老师的遗志，将“渡人”事业做到底。

感恩女儿生病的这段经历，它带我走进了抑郁症群体中，通过自我觉醒与成长，让我找到了自己的天赋使命，收获了内心的平静与幸福。

我相信，每一个抑郁症患者都拥有战胜病魔的力量，只需要有人去点燃他们内心的火焰。而我，愿意成为那个点燃者，用我的行动和爱心，去传递希望，去播种未来。

无论前路多么艰难，我都将坚定地走下去。让我们一起用爱和希望，去创造一个更加美好的世界。

我相信，每一个抑郁症患者都拥有战胜病魔的力量，只需要有人去点燃他们内心的火焰。而我，愿意成为那个点燃者，用我的行动和爱心，去传递希望，去播种未来。

[专家点评]

自我关怀是每个人的必修课

文 / 樊瑞娟

樊瑞娟，渡过心理咨询师，北京理工大学心理学硕士，中国心理学会临床分会注册系统注册心理师。擅长成人的个体咨询，以及青少年的个体和家庭咨询。致力于让自己和他人活得更自由、更有爱。

读完妈妈们写的文字，我的内心很感动，也觉得很佩服。这些妈妈用她们的勇气和智慧，不仅为孩子撑起了一片天，也从孩子的危机中获得了成长，让自己和家庭越来越好。真的是化危险为机会，有如一场战斗，她们打了一场漂亮的胜仗，为她们鼓掌！

文章里，每个妈妈都提到了：**自我反思、自我接纳、自我关怀，先让自己站得更稳、活得更好，才能更好地帮助孩子。**经过自己的辛勤探索，她们都抓住了“自我关怀”这个要点，明白了：只有先照顾好自己，才有力量照顾好孩子；只有先回到自身，让自己稳定下来，才能真正看到孩子，给孩子恰如其分的支持。在我看来，这大概是陪伴孩子最难的地方了。妈妈们身体力行，学习看书，参加课程，融入社群，经历各种挫败、考验，就像一位妈妈说的“一边焦虑，一边疯狂，一边成长”“一次次崩溃，一次次平复”，妈妈们顽强地蹚过了这条最难的河流。

我是一位心理咨询师，曾经专门学过自我关怀的课程，也想从专业角度来谈谈自我关怀。

简单来说，你如何对待一个深陷困境的朋友，就如何对待自己，这就是自我关怀的内涵。可是我们常常对待朋友很有耐心，对待自己就不是这样了。自我关怀就是在我们最需要的时候，学着做自己内在的盟友，而非敌人。

自我关怀有三个要素：善待自我（慈爱，Loving），共通人性（联结，Connected），静观当下（临在，Presence）。先简单概括下每个要素的内涵：善待自我是指不因为自己不够好，经历失败或犯错而攻击斥责自己，给予自己温暖，无条件地接纳。善待自我还指当外界挑战艰巨，环境难以承受时，主动安慰和鼓励自己。当然还有尊重自己、关爱自己、理解自己、支持肯定自己，用祝福自我代替担忧以及为自己负责。在《少有人走的路》这本书里，作者斯科特·派克把爱定义为“为了彼此的心灵成长，主动拓展自我的意愿和行为”。善待自我就是为了自我的成长而主动的意愿和行为，这种成长也是长远的。

在前面的文章里，我看到妈妈们经过内心的艰难探索后，不约而同地选择善待自我而不是继续苛责自我。比如一位妈妈说：“首先停止的是批判自己，无条件爱自己……当我变得柔软，看自己顺眼之后，看老公和女儿也就宽容多了。”——善待自我，才能善待他人。

另一位妈妈说：“人是拿不出自己匮乏的东西的。能自我关怀、好好爱自己、活好自己的父母，能活出松弛感、幸福感，能捕捉到生活中的小确幸、小美好，那些丰盛的喜悦、接纳、积极、乐观、信心、爱、温暖，会自然地满溢而出，流进孩子的心田。”她还说：“我做错了一些事，但做对的事一定更多。不然，我女儿为何如此善良、遵守规则、乐于助人、积极向上呢？”——这就是自我肯定，自我接纳。

共通人性帮我们找到与他人的联结感，只要我们承认并记住痛苦是人类共同经历的一部分，每一个痛苦的时刻就会变成与他人联结的时刻。每个人痛苦的原因和程度不同，但是痛苦的体验是相似的。人生不可能一帆风顺，每个人都会经历不如意的事情，这是很正常的。很多时候我们会陷入一种幻想，以为足够努力就可以避免失败和错误，这或许是夸大了人的能力。人是有局限性的，但又是可以不断修正自己、完善自己甚至超越局限的，成长之路就是这样一条道路，在觉行圆满之前都还在路上，认清现状而允许自己犯错。

家长们也纷纷在觉醒后认识到这一点，一位妈妈说：“孩子的抑郁涉及生物、心理、社会因素。原生家庭养育的影响，只占其中一部分。因此，我放下自恋，臣服于自己只是凡人，无法改变孩子命运的事实……不和基因、人性、命运作无谓的抗争。把节约出的力气，去改变自己所能改变的，去接受自己不能改变的。”——说得真好啊！

不仅如此，家长们加入社群后，发现有这么多和自己一样彷徨无助的家长。大家一起互助学习成长：有痛苦，在群里说说；有迷茫，大家一起来想想办法；有挫败，互相鼓励后从头再来。

我们本来就是一体，有共通的人性，有同样的处境。痛苦常常是觉得自己是天下独一份，那种隔离感让痛苦加倍，和大家在一起，打开自己，你会发现自己并不孤单。

静观当下是指如实观照当下的痛苦体验，不夸大，不沉溺，不回避，不评判。只有清晰地知道我们的痛苦是什么，才谈得上去安抚。静观要求以清晰而平衡的方式关注自己每时每刻的体验，允许所有的思绪、情绪和感受进入我们的意识。清晰就是对自己当下的内心体验了了分明。平衡即如实，也就是上面说的“不夸大，不沉溺”。下面举例说明静观的反面：

- 夸大：“我这次失败了”夸大为“我是个失败者”。
- 沉溺：反刍思维，沉溺在负面情绪中，反复想事件发生的原因和结果。当我们沉溺在负面情绪里时，关注点往往会变得狭窄，难以看到事情的全貌。
- 回避：自我批评可能是回避最初痛苦的方式，但是却带来新的痛苦。
- 评判：不够开放，很快贴标签、下结论，对确定性的内心需要，也是回避内心体验的方式。比如，“我就是太傻”“他就是个骗子”，等等。

人际关系乃至自我对话中，评判比比皆是，比如：“我不应该……”“相比之下，我更欣赏……”“你那样做不好、不对”，“我为什么不能像他一样……”甚至有些夸奖的表达也是一种评判，比如：“你很厉害”“这样很好”等。这样的评判在生活中很难避免，但同时也是造成大部分痛苦的来源。生活本身是变化的、不断流淌的，人也一样，其实每时每刻都在变化，但是在后天我们学会了人为地抽取一个片段给它贴上标签，之后再去喜欢它或者排斥它。静观当下就是对当下如实观照，不增不减。

放下评判有时候也意味着放下高人一等的需要。比如：在心里想“我比你更聪明、更勇敢、更努力”，评判的背后是被肯定的需要，这份肯定可以不通过比较获得，当下就可以自己给予自己。而如果用心去感知的话，我们会发现每个人都有闪光点，也都有不足，而再往深处看，用佛家的话说，“人人都有圆满自性”，没有不同。

在文章里，家长都从最开始的抗拒、评判甚至回避，走向接纳、不评判到接受自己的局限，面对现实，一步步地去行动、解决问题，觉察能力也提升了。正如一位叫“颖”的家长说：“我对生活的觉察更多元和丰富，对世事变迁看得更通透坦然，遇事能客观抽离情绪，对自己的内心进行‘觉察俯瞰’，再快速调节保持平稳的状态，稳稳地过好每一天……”——这个“觉察俯瞰”，正是前面所说的“静观当下”。

可以说，文章里的每个妈妈都潜移默化地做到了自我关怀的三个要素，这才让自己站稳脚跟。《大学》有云：“知止而后有定，定而后能静，静而后能安，安而后能虑，虑而后能得。”我看到妈妈先把自己“安”住之后，继而支持孩子，修复家庭，收获了满满的领悟和智慧。我常常在咨询中对家长说，**孩子生病也许是一个契机，带动家长去向内看自己，疗愈过去的创伤，收获**

成长。这是不容易的，需要有勇气面对自己，走过这段旅程。有家长会感慨：“孩子生病是上天给我们的礼物，孩子是我的心理治疗师。”

写到这里，我体会到自我关怀和成长真的是每个人一生的必修课，如果过去没修好，孩子生病或许就是提醒我们要补上这一课了。它是一个机会，考验每个人的勇气和智慧，我在这些文章中看到妈妈们的努力和成长，为她们高兴，也暗暗激励自己：人生永远柳暗花明，走过黑暗，将会迎来美好的明天。

第五篇 希望与疗愈

好的家庭是孩子的“促进性的环境”。从依恋到分离是一个孩子的必经之路，父母的艰难之处在于：每一步都需要调试好与孩子的距离和关系，这包含着父母们一言难尽的心路历程。爱的深处是成全，就像鸟儿一样，你托举得足够高，孩子才能展翅高飞！

——郑玫

去陪伴，去疗愈，去成长

文 / 麒麟

今天是 2024 年 6 月 21 日，浙江中考的前一天。手机上有关中考的消息一条接着一条；女儿凌晨起床喝水晕倒，专用刻刀本月第四次出现在床头，现在睡得正香；我一边写着凌晨的日记，一边挂念着她的手臂上是否又多了一条伤痕，不由自主地想起了一年多以来的故事。

2023 年 4 月，女儿在学校频繁发生头痛、胸闷、心动过速等症状，去医院检查没问题后，女儿说："爸爸，你带着我去看心理医生吧。"那一刻起，我俩一起走上了抗抑郁的道路。

刚开始那段时间，除了每周去杭州看门诊，女儿都待在她的房间里闭门不出，黑白颠倒。一天只吃一餐，160 厘米的身高，体重还不到 40 千克。人也很烦躁，进她房间端茶送水都要小心翼翼的，唯恐惹她生气，尽管这样，还时不时地被她嫌弃、烦恼。

5 月，复诊三次后，医生建议住院治疗。但住院不到一周，因为对病区环境感到害怕，女儿申请出院，转向上海治疗。6 月，刚去上海住院时，女儿对我还是拒绝的，不让我探视。后来我借着探视时间可以玩手机的条件，才获得一周两次的探视。入院半个月后又因为病情有新的进展转为特需病房，我才得以入院陪护，直至出院。虽然我在病房待了半个多月，但对抑郁症的了解如同九牛一毛。直到出院前两天，我在病房里刷到“渡过青春号”一位小作者的文章，随后就关注了渡过公众号，买了张进老师的“渡过三部曲”。

7 月，陪女儿出院回家后，我一口气读完了“渡过三部曲”，看完了“渡过青春号”里的 148 篇“伙伴故事”，我对抑郁症的敬畏之心油然而生。同时，张进老师的“生物–心理–社会”理论让我倍受触动，于是在药物治疗的基础上，我着手寻找心理咨询师，动员女儿参加渡过线下营，协助女儿养猫，接送女儿学琵琶，请假在家端茶送饭。然而，全天候的陪伴并没有让女儿满意，女儿老是说我不理解她，听不懂她的话，让她没有安全感，甚至讨厌我靠近。那段时间，我很迷茫，完全不知道该怎么办。有一天整理书房，无意看到女儿三四岁时（口述）的日记，才发觉以前陪伴她的确太少了，她的日记中满是对我们陪伴的期待，而那时的我们却完全没有意识到什么是陪伴。于是，我着急地想要学会听懂女儿说话，误打误撞地参加了渡过于德志老师的倾听训练营，开始了我的学习之旅。

8 月，学完了倾听初阶课程，我的脑袋里一片乱糟糟的，也没敢接着学倾听进阶课程，就买了于老师的书自个儿琢磨。同时，踏上了和女儿一起参加渡过线下营的旅程。

这次线下营对我俩来说，可谓状况百出，举两个例子：一是到达营地酒店，正要办理入住手续，女儿突然提出不和我住一间房，这一下子把我给整蒙了（前天她明明同意和我住一间房并告知了线下营的工作人员），于是我想说服她按照预订房间入住，女儿在酒店大堂大发脾气，就是不愿意和我同住，好在线下营的工作人员及时出面帮我们协调其他营员更换房间。房间风波虽然过去了，但那时我完全没有意识到孩子的需要是“让爸爸离我远一点儿，少一点儿干涉”，我的念头却是“女儿怎么说话不算数，这不是故意让我难堪吗？”，现在看来，那时的我真是糊涂啊。

二是结营回家的路上，女儿突然和我聊到9月是否需要休学的问题，想听听我的意见，于是我一本正经地给她分析要不要办休学和什么时候办休学。岂料我话还没说几句，女儿就大哭起来，嘴里嘟囔着“不要说了，不要说了”，并随手拿起电话给外公诉苦。我又被搞得一头雾水“我又做错了啥”。后来我才明白，女儿那时需要的是我对她休学这个想法的态度，准确地说是支持她的态度，而不是我张嘴就来的大道理。

线下营的收获也很大，举三个例子：一是线下营某晚，女儿一个人在房间忽然惊恐发作，她害怕地逃到酒店大堂外等我，我赶到后情急之下用到了于老师书中体会身体感受的方法帮助女儿恢复平静，女儿平静后，她一边对我讲述刚才发生的事，一边独自回到房间。送女儿回房后，我平静下来，回想刚才发生的一切，隐隐约约中看到了倾听课的作用。二是在线下营，女儿认识了好多个伙伴，结营后他们一起聊天，一起去不同的城市聚会，相互交流、相互关心，孩子们多了一个更安心的社交空间。三是线下营的家长课堂上不同老师的讲课和活动，让我清楚地知道，疗愈孩子得先从父母入手，我紧绷的心慢慢松弛下来，方向渐渐清晰。

线下营回来后，我的学习动力更足了，马上报名参加了家长课堂和倾听进阶课程。同时也买了好多病理、药理、心理方面的书籍，还抽空学习平台上丰富的免费课程，加入了社群与家长们一起交流、探讨。

俗话说，“无知者无畏，无畏者无惧”，随着我了解的知识越来越多，胆子却越来越小，变得特别关注女儿的药物副作用，担心副作用会给女儿带来生理和心理上的伤害，这种担心让我不可避免地走了一段弯路。好在我坚持不懈地学习，我渐渐学会克服担心去放手，让女儿自己去体验生活、感受生活。2023 年 8 月北京聚会、10 月上海聚会、12 月厦门线下营，2024 年 3 月昆明线下营、3 月大理旅游，都是她自己计划安排和实施，我只是按需做好助理的工作。**正是这一次次的放手和陪伴，一是让女儿充分感受到了信任和尊重，二是让女儿知道，爸爸是她背后坚实的后盾。**而女儿也就在这样体验生活的过程中，不断增加对社会、对人的了解，认知得以修缮和充实。

2024 年春夏交替前，女儿的状况一直是向上走的，让人欣慰。但现实让我们看到了抑郁症的难以捉摸，4 月开始，女儿情绪明显低落，消失已久的躯体症状再次出现，我俩商量后选择住院治疗。出院回家后，我俩商量着达成一致，**我帮助女儿在家中放下面具去生活，带着外公外婆真正了解抑郁症并尝试理解女儿的痛苦，共同营造更自由、更真实的家庭环境，一起走上从个人疗愈向家庭疗愈转变的道路。**

6 月，女儿再次抑郁发作，但现在的我们已不再是去年 4

月的小白，我们清晰地知道可以为此做些什么，也知道需要怎么做，我们不再害怕与抑郁共舞了。李娟在《我的阿勒泰》中说：“去爱，去生活，去受伤。”我想说的是：“去陪伴，去疗愈，去成长。”

我帮助女儿在家中放下面具去生活，带着外公外婆真正了解抑郁症并尝试理解女儿的痛苦，共同营造更自由、更真实的家庭环境，一起走上从个人疗愈向家庭疗愈转变的道路。

放下焦虑，用心看见：陪伴 14 岁抑郁症女儿的一年

文 / 小寒

我的女儿 14 岁，从去年 2 月我得知孩子有情绪问题到现在，一年过去了，我从最初的想不通、焦虑无助，到现在淡定从容地陪伴她走过每一天。

在这里，记录一下我的心态变化。

第一阶段（2023 年 2 月）：想不通、不接受阶段

为什么我的孩子会出现这种情况？小时候那么活泼开朗、善良热心、学习优秀的孩子，为什么现在情绪低落、学习状态一路下滑、对人对事冷漠封闭，还觉得人生没有意义？

这让我难以置信，担心孩子如果好不了，她未来怎么办。**在一周时间里，我都很崩溃、焦虑、无措、绝望，**觉得自己的人生未来一片灰暗。

第二阶段（2023年3~8月）：接受面对、学习自救阶段

我通过各种途径学习有关抑郁症和青春期心理的知识，尝试通过改变自己，改善亲子关系。

我知道，我只有接受、面对现实去改变，才能拯救自己和孩子。但如何着手，我全然不知。我想当然地报了心理咨询、家庭教育指导等各种相关培训和课程，开始了疯狂学习模式。边学习边自省边改变，有以下实践。

1. 改变教育方式

原来：批评式教育（从好中找不足，完美倾向的挑剔）；

现在：肯定式相处（看到孩子的闪光点，正向肯定）。

2. 面对孩子遇到问题时的情绪

原来：过于急切地想解决问题，忽视孩子的心理感受；

现在：先做情绪处理（倾听、共情、理解），再引导孩子看到问题，提出建议。

3. 给孩子做创伤处理

我向女儿真诚道歉，请她原谅妈妈原来对教育自以为是的无知和强势以及教条化养育；过往对孩子的事处理有不当的，一件一件地重新和孩子共情，承认妈妈当时做得不妥，让她受委屈了；还让女儿讲出她记忆中妈妈处理不当，让她伤心委屈的事儿，再同理处理。

过程中，孩子多次提到在学校被冤枉、因爱打抱不平被训斥等经历，她在外遇到困难和问题时，我没有恰当处理，真的给她留下了阴影。

4. 接纳和坚持

为什么孩子在小学后半阶段会越来越不爱给我讲学校的事儿？原来是我的处理方式所致。孩子在外面遇到问题，我总是带着质问的语气询问事件原委，并且听完后不是先去共情她，给她疏导和心理安慰，而是很冷静地用“事有不足，反求诸己”的方式让她自省。可这只是一个孩子啊，在那个时刻，我想她一定很无助吧！

现在，我意识到要先帮孩子消除顾虑：“你放心，不管什么事儿，你都可以说出来，妈妈都不会批评你、责备你，妈妈希望能帮到你。”

真诚和接纳，孩子是能感受到的，慢慢地，她也愿意和我分享学校发生的事儿。

亲子关系改善的过程，急不得，不要奢望立竿见影。尊重、理解、接纳，孩子只有在真正感受到了你的改变，有了安全感，才会慢慢放下戒心，愿意靠近你，愿意听你的。这个过程中，别无他法，唯有改变和坚持。

亲子关系的改善，是让孩子好起来的大前提。

第三阶段（2023 年 9 月至今）：放下执念、疗愈阶段

在前面的阶段，我仍然对孩子的学业抱有较高期待。当时她的状态时好时坏，我没有意识到她依然需要休养，而是希望她能趁着状态好时，抓紧时间，拿上书本，把前面落下的课业尽快补上。如果看到她的表现不如预期，心中难免还是会暗自失落、烦

闷。虽然经过前两个阶段，我能自我克制，不会再冲她吼，但我的压抑和难过、整个家庭沉闷的氛围，她能感受得到。

为了不让父母失望，她勉为其难地学着，但这无形中又在她本已不堪的重负上再绷了一根弦。每次考前，她都极度焦虑，我想，她是担心如果没好好学习，考试没考好，爸爸妈妈就不会再爱她了吧，带着这样的恐惧和不安，活在别人的认知和评价里，内在的力量也就无从培育。

我意识到，如果这个卡点解决不了，孩子未来如何面对更多、更复杂的人生局面，真正的康复从何谈起?

改变，当然还是要从自己做起，从“心”出发，找到自己！只有父母活通透了，不再用外部的、父母自己的评价标准去要求她、逼迫她，而是真正从孩子出发，才能真正帮助孩子找到自己，孩子才不会迷失成为“空心人”。

我放下对孩子学业的执念和焦虑，告诉孩子：“无论怎样，我们都爱你。我们会陪着你去找到自己的方向和路。将来无论做什么，只要不违法乱纪，妈妈都支持。即使是一份很普通平凡的工作，能养活自己，也很好啊！你的人生你做主，成为你自己，活成你自己想要的模样。一个有温度、有爱的人生，就是好的人生。”

放下执念，这点我终于能做到了。

在这个阶段，我的信念如下：

1. 坚信孩子能好起来

不是孩子不想好好学习，只是她现在能量不足，不是不想，而是不能。已然不能了，我们再逼她，除了把孩子推向无路可走的深渊外，毫无益处。孩子状态好了，自然有力量向上走，向阳而生，这是大自然生物的生长本能，也是自然界的规律。

2. 提升自己，把关注放到自己身上

父母先提升自己的能量水平，孩子自然会从你的淡定、松弛和面对困难迎难而上的态度中感受到力量，看到希望。一个焦虑的低能量妈妈，给孩子的是焦虑、是不安、是压力，陪伴孩子，首先要照顾好自己，这个过程中我总结了一些具体方法。

- 每天步行 40 分钟，晒太阳至少 30 分钟，简单冥想。
- 常常复盘过去的人生，虽喜忧参半，但上天待我总体不薄，升起感恩之情。
- 觉察到情绪升起时，抽离出来，用上帝视角看“剧情”。
- 工作时专注工作，闲暇时抄经书、做家务，转移注意力。
- 在渡过家长群和群友们交流，听各种讲座，或找好友聊天、倾诉。
- 正念：常常关注自己和孩子的点滴进步、收获。
- 持续学习实践：渡过公益课堂、心理咨询、家庭教育指导，每有所获，马上实践。

以上方式可以交互使用或联合运用，前提是对自己的状态保持觉察。

3. 对待孩子，八字原则：“有求必应，不求不扰”

父母关注太多，对孩子反而是一种负担和压力。保持距离，给想独立生长的她一些空间。允许她存在那样的状态，给她时间和空间去完成自我整理、自我疗愈。

4. 学会转念

于坏中看到好，于绝境中看到希望。一切经历对我和她的人生皆有价值，人在克服困难中得到的体悟和成长，走过去将来再回看，必是一笔宝贵的财富。没有经历，不成经验；未经苦痛，不会有思考。

5. 常给自己喝“鸡汤”

如：

- 时间是良药，能治愈一切，比这难的都能过去，这次也能。
- 人一生总有坎，不是这个坎就是那个坎，早遇到、早解决、早受益！
- 唐僧取经九九八十一难，受一难少一难，早受早取到真经，劣势变优势。
- 孩子这次出状况，不正是来警醒我、成就我的么？让我明白活着的意义！

……

当然，这些“鸡汤”都是喂给自己的。

6. 感受孩子反馈出来的力量和希望

比起很多同状况的孩子，我觉得我的孩子真的很勇敢、很优秀。

• 她还能坚持上学，上课即使很困，仍倔强地坚持听着。

• 她能直面自己内心的恐惧和问题，即使药物反应那么难受，还能坚持配合治疗。

• 她虽然玩游戏但不沉迷，她只是借此来给自己解压和放松。

• 她自己很难受但还关心妈妈累不累，对父母、家人表达着自己的爱。

• 她不乱发脾气、不胡乱高消费，有自制力。

• 她并没有放弃自己的努力和目标，她知道自己要去的方向。

• 她关心同学，有幸的是老师和同学们也关心她、包容她，让她想要留在集体里。

……

总之，从细微处去找到那些能让我感到慰藉和力量的事，每天正念乐观地活在当下，避免被恐惧和焦虑笼罩。我觉得我和孩子已经走在疗愈的路上了。

当然，还会有这样的时候，我会陷入“知易行难”的坑里，自己的状态也是进两步退一步。**当那种焦虑、无助、恐惧又返上来时，我会让自己静下来，抽离出来，觉察自己为什么还是不能完全淡定。**

其实，很多时候是因为不知道未来会怎么样。因为无知，所以恐惧！让人真正害怕的，不是事情本身，而是因为事情背后那个未知的结果，一切治疗都还在摸索中，无论怎样，都去经历吧……

怎样减缓恐惧呢？

保持学习，对这种病有更多了解，因为了解，而有心安！

继续正念，关注当下、过好当下，把自己的工作和生活有条理地安排好，让自己忙而不乱，就没时间想东想西啦！

总的要领是，放下焦虑，用心才能看见。

相信一切都会过去，凡事皆有转机，祸福相依，否极泰来！

如今孩子的变化

1. 亲子关系

亲子之间的冲突有了明显缓和，孩子愿意和我们一点点儿互动了。孩子的心里有我们了，能看到我们的改变和付出，会被感动，会对我们说“谢谢”（不强求的）。

2. 孩子的眼神和语气

孩子原来看我们的眼神是冷漠、疏离的，现在眼睛里开始有光，眼神柔和，有温度了。

孩子原来的冰冷眼神、冷漠语气会让我倍感受伤，但越了解越接纳，我知道那冰冷是她的保护色，是一层壳罢了。我的受伤是自己内心不够强大，接不住她的状态。现在不再纠结她是什么表情、什么态度，而是深深看到，心疼她的不易。

3. 动力和关注内容

孩子原来自己刷网站，一天都可能没声音，现在看到好玩、好笑的会自己咯咯笑，还和我分享好玩的内容。

她现在抱着平板，也不只是玩游戏，内容更丰富多元。以前看的内容多偏暗黑、负面的，现在好像多温暖、轻松、搞笑的，或是一些喜欢的事儿，比如画画、看美食主播；原来和外界、朋友联系很少，现在常聊天。

4. 学习

我不再提醒、催促孩子学习，绝口不提了，孩子反而主动报告学习状态，有精神时主动写作业。

5. 作息

孩子的作息一直保持得很好，即使睡不着，也能在稍加提醒后到点上床，到点起床。

孩子的这些转变，在我看来，就是在向好，也给了我很大信心，相信孩子最终会康复的！

最后，想对依然焦虑、无助的家长朋友们说：**作为父母，当孩子在青春期遭遇心境情绪问题，我们既不要以为是青春期叛逆而选择忽视，也不要过分灾难化而被问题和症状牵着走。要了解，方有接纳，因接纳，才知道如何陪伴孩子走过泥泞。**

真正的爱，一定能帮你找回力量，找到破除迷局的方法！

孩子原来的冰冷眼神、冷漠语气会让我倍感受伤，但越了解越接纳，我知道那冰冷是她的保护色，是一层壳罢了。我的受伤是自己内心不够强大，接不住她的状态。现在不再纠结她是什么表情、什么态度，而是深深看到，心疼她的不易。

疗愈笔记：一个家庭的成长故事（上）

文 / 阿莲

一、初识抑郁和双相

2021 年 11 月初的某一天，凌晨五点，我从噩梦中惊醒。我躺在精神心理科住院部的陪护床上，狭窄的病房里，住了五个病人、五个陪护，鼾声此起彼伏，每晚都睡得不安稳。惊醒的原因是梦里是一位前同事在喊我，几年前，听说她在一所大学跳楼身亡。更早之前，她曾打电话给我，说她爸妈把她送到了精神病院，希望我帮她逃出来。接到电话我完全是蒙的，不知道发生了什么。我在梦醒后心有余悸，那个前同事，可能是患上了抑郁或者双相。

一个月前，上初三的女儿对我说："妈妈，我可能抑郁了……"看医生，做量表，诊断出"焦虑，抑郁"，吃舍曲林。我对这种病一无所知，以为像感冒一样，吃了药就好了。服药后女儿返校上学。几天后，她上午犯困，下午烦躁，从教室里跑出来哭着给我打电话。她说，说不出的难受，一边打电话一边踢旁边的东西，老师们都看着她。我心惊胆战地把她接回家，这种状况持续了好几天。我隐约觉得不对，开始找专家，费了很大劲才挂上号。这次被诊断为双相，医生建议住院调药。

此时央视正在播放纪录片《我们如何对抗抑郁》，其中有一位医生说："抑郁症可治，要相信药物。"我抱着孩子，红着眼睛看完这部片子，对她说："相信医学，我们去住院，一定会找到合适的药物，很快会好的。"

我暂停了工作，陪孩子住院，才发现原来有这么多生病的孩子，最小的才 12 岁，女孩居多，几乎是男孩的七八倍，有沉迷游戏不出门的，有被霸凌、害怕回学校的，有仇视同学、出言不逊的，还有上了考场写不出字的……他们大部分被诊断为双相或抑郁。第一次住院的孩子，从外表看，好像没什么异常；多次住院的孩子，有些很胖，有些眼神暗淡、举止怪异。陪护的家长们，基本上都愁眉苦脸的。

我在网上买了几本关于双相科普和陪伴的书，开始关注渡过公众号，去和生病的孩子、家长聊天，去找医生和护士问这问那，我想更多了解这个病，来缓解我自己的焦虑。孩子吃了少量的药，在医院作息规律，每天捧着手机玩，好像挺正常的。我信心满满，想着出院后就回去上学。有经验的家长苦笑着跟我说："不要想得那么顺利，有你哭的日子在后头。"

二、服药"躺平"的两年

2021 年 10 月至 2023 年 9 月，近两年的时间，孩子经历了不断试药、坚持服药到慢慢减药，再自行停药的过程。这期间，也是孩子休学和请假，完全“躺平”的两年，是全家人一起跌到谷底，再慢慢调整改变、逐渐接纳的两年。

我看到有研究说，抗抑郁药可能对 60%~80% 的患者有效，对部分患者是无效的，而双相的治疗就更复杂了。以我“泡”在各个社群听到的病例来说，我感觉用药实际有效的比例可能比这个数据低。我家孩子，就是对药物特别敏感又基本无效的那一类人，在求医问药的路上吃尽了苦头。

2021 年 11 月出院后，孩子用药少，睡得多，情绪基本平稳；此后被学校劝休学，过上了天天刷手机的日子。2022 年春节前，想增加一些动力，医生将孩子服用的芮达增加至 2 粒，孩子两天后出现强烈的坐立不安（后来才知道那是药物的副作用之一，锥体外系反应）。那是大年三十的晚上，广州少有的低气温，孩子一会儿脱衣服，一会儿穿衣服，一会儿躺下，一会儿起来，一会儿撞墙，一会儿捶床，折腾到半夜两三点，她说：“妈妈我受不了，怎么办呢？”大半夜找不到医生，我只能抱着她，无助中想起还有吃剩的奥氮平。服下半粒奥氮平，半小时后，孩子终于安静地睡下了。第二天中午她起床后有点不好意思地说：“昨晚你们辛苦了。”我的眼泪一下就出来了。这一段经历，让我一个文科生决定恶补药物知识。

2022 年 3 月以后，孩子交了很多网友。不知是季节转换，还是因人际关系问题，她情绪波动很大，会说些过激的话，甚至出现了割手自残。医生将芮达换成了阿立哌唑，情况并没有好转。经过一段时间的学习，我意识到不能单凭药物解决问题，希望能增加心理治疗，加上这个医生号太难挂了，于是在另一家专科医院找了一个擅长心理治疗又能开药的专家。

这位专家重新诊断为“焦虑，抑郁”，认为之前的用药全不对，换了拉莫、喹硫平、来士普。我那点一知半解的药物知识，没有发现医生撤旧药、换新药没有过渡而导致可能存在的风险。换药后，一开始孩子胃口很差，我正在为孩子几天不吃饭发愁，紧接着孩子出现激越、暴躁的症状。在排队做核酸的人丛中，她会大声说“我想杀人”；前一天在网上买药，第二天又说“我退掉了”。这样七上八下地坚持了快半个月，再去看医生，和他讲这个情况要不要采取什么措施。医生说，家长跟孩子一样，就想马上好，要即时满足……被骂了惶恐地回家。第二天我上班后，孩子找到家里的药，一口气吞了十几颗拉莫，打电话给我说，“我实在受不了了”。爸爸把孩子送到医院洗胃。我赶到医院，因为来不及做核酸进不去，我坐在医院门口，泪如雨下。

第二次住院，与第一次住院的信心满满相比，我有点心灰意冷。医生仍然按焦虑和抑郁治疗，用来士普抗焦虑和抑郁，加上阿普唑仑助眠。孩子白天睡得多，到了傍晚会出现烦躁。我心里一直觉得按抑郁治疗不对。看到一些文章说，青少年发病的抑郁大部分最后都会被诊断为双相，而抗抑郁药会让治疗更加复杂。

经过病友推荐，我打算找该家医院另一个专家看看，这位医生在网上评分很高。考虑到医院就诊时间短，为了更充分地沟通，我们去诊所找到他，挂号费不算贵。医生态度很好，而且表示对孩子的治疗很有信心。除了开药，还开了一堆检查。我和医生沟通，希望能不做这些检查，因为刚出院，医院已经做过大量的检查。医生稍微删了一些，最后检查加开药，还是花了三千多。在等待的间隙和其他病友交流，听说每次这位医生开单都是几千块。那一刻我很清醒，我不相信他，我决定放弃。看这个病需要长期复诊，如果我不相信他，我很难坚持。孩子说，妈妈，怎么办呢？我说，现在是黎明前的黑暗，我感觉光明就在眼前。

山重水复疑无路的时候，在社群里认识了一位本地的精神科医生，医德和水平都是我期待的样子。医生重新诊断为双相，按“稳定剂（锂）+抗精分药（鲁拉）+助眠药”的思路来治疗。服了两个月药，孩子的情况仍然没有好转，有时候嗜睡，有时候烦躁，十天半个月割一次手，或者因为一点儿小事闹一场。其间经历了2022年9月复学失败后的大崩溃，复诊时在医院的大厅对我破口大骂。孩子不肯住院，医生开了三天的安定在门诊输液，让她镇静睡觉，同时把手机号码写给我，叮嘱我情况紧急时随时可以联系住院。

孩子的情况如过山车一般的起伏，全家每天都过得提心吊胆，我陷入了深深的困惑中。我们预约了线上医生问诊，他对诊断和用药思路基本是认可的。喻东山的《精神科合理用药手册》快被我翻烂了。我时不时在渡过药物群里请教有经验的家长。有时候半夜睡不着，爬起来上网逐个逐个地看别人的用药方案，试图从蛛丝马迹中找到一点灵感。

我翻来覆去地想：用多了稳定剂，孩子就嗜睡，用了提动力的药，孩子就烦躁，似乎一直达不到平衡。如果用药的思路是对的，就是药量的问题。医生都是用加法，水多了加面，面多了加水，导致孩子的负担越来越重。我突然灵光一现，为什么不用减法呢？

经过与医生的沟通，虽然医生不太同意，但看到我的坚持，放任我逐步减药。一开始减得很慢，先减了 1 颗锂，观察了一个月；减 20 毫克鲁拉，又用了一个月；助眠药也去掉了，孩子的状况居然越来越好。虽然还没有停止自残，但是频率和伤害幅度都明显减了。孩子开始断断续续地补一些课，甚至坚持了一段时间自学打卡。

2023 年 3 月，药物没有变化，可能是季节变动，也可能是中考压力，孩子的状况又出现了明显波动，一度又陷入了困境。几经挣扎，最后她决定放弃学习，中考裸考。

三、决定停药

2023 年 5 月后，我们没有再去复诊。全家人反复讨论，决定慢减药量，至 2023 年 9 月孩子上高一时完全停药。做出这个决定很大胆，很多人劝我要慎重，但是全家人都很坚决。

孩子坚持服药近两年，效果并不明显。服药的副作用却是确定的，比如服用德巴金后长胖了几十斤，不来例假，更不用说吃药过程中出现的嗜睡、头晕、无力、烦躁不安；此外，住院、长期服药、被贴上“精神病”标签的经历，给孩子精神上造成的巨大压力。那种觉得自己不正常，看不到前途的破碎感和无望感，对一个青春期敏感的孩子来说，是无形的枷锁。而停药的风险，我认为是可控的。此时我们的亲子关系很好，我相信孩子出现状况时会第一时间告诉我。我对药物有基本的了解，如果减停药过程中出现大的波动，我会用苯二氮䓬类或奥氮平等镇定类药物让她镇静、睡觉（我看到医生也是这么做的）。再说了，停药只是一个尝试，大不了再吃回来嘛。

我们很幸运，因为减得慢，实际减药、停药过程中并没有出现很大的波动，孩子停药后，状况越来越好。

这一段写得有些痛，我只是记录这一段真实经历的痛。作为非专业人士，无法去评价关于抑郁、双相这一类疾病的诊断和治疗。因为个体差异太大，我们全部的经验，也不构成任何建议和参考。对于孩子的病情，我不想去贴上抑郁或者双相的标签，我更愿意定义为，青春期孩子遭遇压力时适应困难所产生的情绪障碍。**自 2023 年开始，我就在努力给孩子去标签化。我告诉她，她是特别敏锐的孩子，她感知到的信息更多，因此她有比别人更丰富的体验；但同时，她的情绪波动也比别人更大，这是一个特质的两个方面。我们没有办法去掉自己身上的某种特质，但是我们可以去觉察和理解自己，接纳和适应自己的全部。**

对于孩子服药后的状况，我个人的观察和主观感受是，服药期间，孩子的情绪调节能力好像减弱了，有时候会觉得被压抑了，有时候又像火山一样想找个出口。停药后，伴随着家庭的改变和支持，孩子自身的力量慢慢又找回来了。也许，情绪类疾病治疗的过程，就是让孩子慢慢找回自身力量的过程。

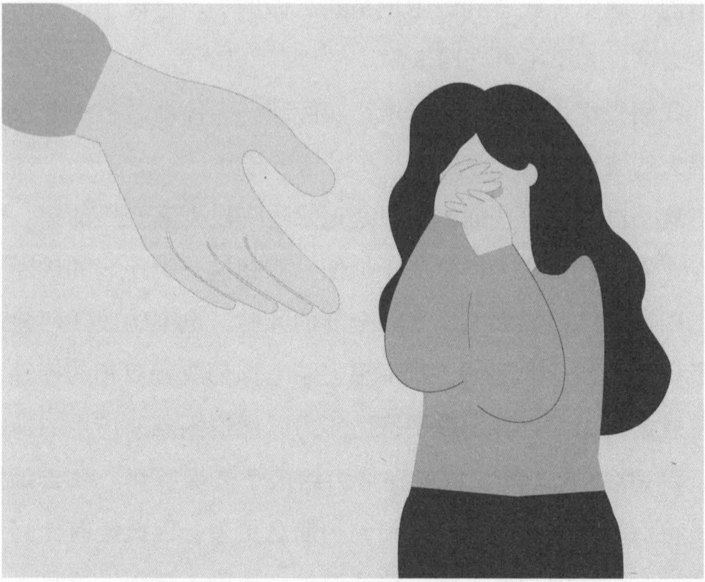

我告诉她，她是特别敏锐的孩子，她感知到的信息更多，因此她有比别人更丰富的体验；但同时，她的情绪波动也比别人更大，这是一个特质的两个方面。我们没有办法去掉自己身上的某种特质，但是我们可以去觉察和理解自己，接纳和适应自己的全部。

疗愈笔记：一个家庭的成长故事（下）

文 / 阿莲

一、追根溯源：孩子为什么会出现情绪障碍

从孩子诊断抑郁开始，我就反复思考，也和家人、医生、咨询师多次讨论：我女儿从小乖巧懂事，学习也好，家庭氛围相对宽松，她为什么会生病？有一次，**一位咨询师突然问我："你说话一直都这么快吗？"我好像被击中了，我的结慢慢打开。我开始看到，除了孩子自身敏感的特质和学校"卷"的氛围，还有我身上和我们家庭中存在的问题。**

长期以来，我性情急躁，容易发脾气，而她爸爸个性固执，不善于沟通，所以我们家出现矛盾时，有时候是火山爆发，有时候又是冷战时期。在这样的氛围中，孩子很难建立安全感。此外，我和爸爸小时候的家庭环境都不太好，思维方式比较消极，凡事都做最坏打算，导致孩子看待世界的方式也比较消极。同时，因为我和爸爸所学的专业和职业特点，有点好为人师，凡事喜欢讲道理，总想用逻辑和理性去说服孩子，忽视了情绪的价

值，也剥夺了孩子的选择权和自我成长的机会。

分析了以上原因之后，除了寻医问药，我像海绵一样通过各种渠道吸收心理学和教育学的知识，试图从相反的方向，去调整自己，让自己情绪稳定、思维积极，先处理情绪再解决问题。

亲历孩子生病的痛苦，**此时我对孩子的期待降低到：第一，活着；第二，开心地活着；第三，能够自食其力、开心地活着。我计划用十年的时间，把孩子重新养育一遍，最终通向第三个目标。**

二、家庭成长的故事

在女儿的成长过程中，因为我工作忙，一直是爸爸陪伴多，孩子和爸爸更亲。我一直觉得自己不够爱孩子。孩子生病后，一向以“模范爸爸”自诩的先生一时无法接纳孩子的状况。他大概是想，他这么爱着的孩子，为什么就抑郁了呢。

也许是看到了孩子眼中的脆弱，我害怕失去她，她还没有体验过真正的人生，母爱的本能被激活了，我迅速地放下了部分工作，开始陪伴孩子的日子：陪她住院，陪她睡觉，陪她散步、逛街，陪她玩游戏，陪她看漫展、到异地见网友……我希望她眼里的妈妈，是可以随时呼唤、随时信赖的那个人。

（一）妈妈的学习和成长

为了给自己补充能量，我开始学习，在孩子住院期间，几乎刷完了渡过公众号上所有的文章。此后陆续听了一些公益讲座，购买了几年的课程慢慢回放，也报了一些关于正念、CBT、陪伴的课程。我关注了很多精神医学和心理学的公众号，加入了渡过社群，也开始看一些书：张进老师的渡过系列丛书，《正面管教》《非暴力沟通》《伯恩斯新情绪疗法》……我学得囫囵吞枣，似乎了解了很多，却不能真正用起来。

在学习和陪伴的过程中，除了看到孩子每况愈下的心痛和难受，我还充满了困惑，经常有两个声音在打架。比如，很多人说要无条件地接纳孩子，但是担心会不会把孩子惯坏；凡事都顺着孩子，她为什么还是不开心；尤其是孩子自残的时候，除了痛苦，我还有很深的迷茫：为什么小时候纯真可爱、白纸一般的孩子，会变成这样？

2023 年下半年，我报名了心理咨询师培训的课程，想要系统地学习一下心理学。虽然是入门的课程，这一段培训使我受益匪浅，仿佛打通了任督二脉，我开始从哲学的角度重新去思考如何看待人，如何看待生命的需要和价值，最终我在人本主义中找到了支持。**我选择相信人性本善，有自我实现的潜能，倾听和理解、尊重和平等、无条件地接纳，是帮助孩子获取价值感、重新找回生命力量的源泉。**

理顺了基本的观念之后，我又在《非暴力沟通》里，找到了训练自我觉察力和倾听他人的方法。通过观察，去感受、理解自己和他人的感受与需求，让自己从眼前的情绪中跳脱出来。

（二）爸爸的觉醒和改变

孩子很敏感，因为爸爸的不接纳，孩子和爸爸的距离一下子就疏远了。我对爸爸的固执很愤怒，为了逼爸爸学习和改变，有意在孩子面前强调他的不接纳。这样做的结果，并没有迫使爸爸去学习，反而让爸爸成了孤家寡人，我又因缺少支持而力不从心。

《正面管教》这本书教会了我寻求合作而不是对抗，我意识到这样的对抗是彼此消耗。爸爸也看到了我的辛苦，自觉分担更多的家务。我试图改善爸爸和孩子的关系，在孩子面前描述爸爸为她做的具体的事情。同时也拿自己学到的各种理论去跟爸爸讨论，分析孩子情绪变化以及背后隐藏的情绪，日积月累，爸爸也学到了不少东西。因为讨论，我不断在梳理自己学过的内容，理解更加深入，也慢慢尝试去运用。

变化在慢慢地发生，孩子和爸爸的关系又逐渐恢复生病前亲密的状态。爸爸的价值感被驱动了，他接过了孩子收寄快递、买奶茶、拿外卖等所有跑腿的琐事，悉心地照顾小猫，半夜陪孩子散步、买奶茶，跟她讨论数理化、动漫甚至是她追的偶像明星……2023 年那个夏天，在夕阳的暮色中，我们每天在校园里散步，看到头发有些发白、从前刻板严谨的爸爸，可以认真倾听并附和孩子追星的故事，愿意模仿孩子去玩网上的烂梗。我知道，我们家最艰难的日子已经过去了。

（三）孩子的沉沦与重生

2021 年 11 月休学后，孩子获得了无限玩手机的权利，暂时又没有中考的压力，得到了放松。过了一段打游戏、刷视频、在网上接稿、写曲子，似乎很惬意的日子。

从 2022 年 3 月开始，可能因为无聊，孩子在网上交了很多朋友，有时候会发生矛盾，孩子的情绪变化无常，甚至出现了自伤自残。有时候她会冒出一些观点，完全不像从前那个三观很正的孩子，好像认知也扭曲了。到 2022 年 8 月准备复学时，孩子的焦虑日益增加，一切都不太好。

开学后她回学校重读初三，我租房子陪她，坚持到第三天。她说，虽然是熟悉的校园，但同学们都走了，只留下她一个人。想象她这个孤独的背影，晚上我睡不着，在床上翻来覆去，碰到她口袋里有个硬东西，原来是一把小刀，我悄悄地给她收了。第二天早上她起床，发现小刀不见了。她冲我大发脾气，要我把刀拿给她，说她要去学校划手。我们因此僵持不下。学校门口有一辆电车，她说她经常看到这辆车来来去去，还没有坐过。我陪她慢悠悠地坐上了这辆电车。我说："不想上学也没关系，我们回家。妈妈想慢慢地去走遍世界，我希望你一直陪着我。"她两眼黯淡，什么也没说。

复学失败后，孩子的情绪经历了大崩溃，我理解是价值感崩塌了，觉得自己什么都不行。她每天对我说想死，又很不甘心，让我给她 100 万，她花光了就去死。100 万当然没有，我像个牛皮糖一样黏着她，和她嬉皮笑脸，我脑海里一直在循环着一位老师的话，"不放弃、不受伤、不报复"。有一天跟着孩子走到家附近的大马路上，她骂我"滚"，然后在十字路口的一边坐下，冷冷地看着我，用小刀划伤手臂，鲜血淋漓。我看着人来人往，中间可能有很多熟人。那一刻，我崩溃了。我转头冲向马路，真想被撞死，我一边哭一边往家走。走了几分钟，我停下来，想到她孤零零地坐在那里，一定感觉被全世界抛弃了。于是我慢慢回头，让自己平复心情，在便利店买了点吃的，走回去递给她。她红了眼睛，跟着我回家了。

我意识到如果什么都不做，她会一直陷在自我否定中，因此

重塑她的价值感非常重要。经过商量，她同意进行一对一补课。我悄悄地和老师说，我们不要求成绩，她可以不做作业，只要多肯定她、鼓励她。老师很包容，允许她随时请假、不做作业，夸她学习能力很强，给她买奶茶，送小礼物。这样断断续续补了几个月，孩子的情况似乎有些好转。

2023 年 3 月，当她的学习状态渐渐好些以后，她对自己的期待又拔高了。体育中考前去报班训练，因为吃药长胖，逼着自己减肥不吃东西，坚持了几天，又崩溃了，我看着她掉下来，挣扎痛苦。最后她决定放弃中考，为自己找了个出路，说要出国读高中。我说你先去找机构补语言。她断断续续去补了一个月语言，又不能坚持了。最后，我们协商了一个折中的方案，选择了不太“卷”的高中国际班。

因为确定去读国际班，孩子的压力一下就减轻了，她去参加了中考，过了普高线，似乎又找到了一些信心。2023 年暑假，药慢慢停了。我陪她去外地见了网友，在家里她也经常跟好朋友外出活动。生活琐事中，我们见缝插针地对她肯定和认可，她好像越来越轻松了。

三、顺利复学

对于高一复学，我心里完全没底，心想大不了再退回来，反正我有经验了。学校要求住校，第三天半夜，孩子哭着打电话要回家。班主任老师主动找到了我，说看到了孩子满手的伤疤，很心疼她。我听了很感动，坦诚地和老师进行了交流，请求她的帮助和合作。学校同意走读，我签署了各种文件。老师很用心，去找了心理老师看看怎么帮助她，还单独找跟她走得近的同学谈话，希望她们能多陪伴她。

我租了房子开始陪读，早七点到晚十点的作息，对她是个很大的挑战，她经常早上起不来请假。她到学校总是很紧张，总担心其他同学议论她，有一些焦虑和强迫的症状。她说，走路一定要走直线，做作业的时候好像有一个计时器一直在嘀嗒，啃手指都快啃出血了。我抱抱她，说：“**你是个高敏感的孩子，你接收到的信息比别人多，所以你会特别辛苦，你可以去感受这些信息，看它们来来去去。**”坚持了一段时间以后，这种症状慢慢减轻了。

孩子晚上十点钟放学后最重要的三件事：第一，每晚刷手机到十二点钟。从原来手机不离手到只刷两个小时，对她来说已经非常不容易。第二，吃东西。因为在学校胃口不好，晚上回来吃路边的烧烤，她连续吃了六个月。我偶然提过一次，长期吃这些会不会不好。她说“与其让我健康乏味地活着，不如让我痛快地吃垃圾食品而死”，我就不再吭声了。第三，睡觉。停药以后，她睡觉很困难。每晚放下手机后不容易睡着，她就一直找我聊天，我困得不耐烦。她说“你不爱我了”，我感觉她在绑架我，有点苦恼。有一天晚上我突然转念了，她是在用这样的方式缓解睡不着的焦虑。同时，她给了我这么多机会，让我去倾听和理解她。

从此以后，我豁然开朗：**不管她提什么要求，只要在我的能力范围之内，我都接纳，对我们双方，这是消耗最少的方法。**她说什么，我都说好，我们几乎再也没有发生冲突。她并没有变本加厉地索取，反而经常不好意思地说，“妈妈，这个可以从我的零花钱里扣”。

孩子前半个学期陆陆续续地请假，有一次连续休了十几天，我都觉得她可能坚持不下去了。有一天晚上我们推心置腹地聊天，我说：“上学是不是很难受，不想去就算了，妈妈会养你的，每个月给你几千块钱，你想做什么都可以。”她说：“如果这样，我要搬到一个没人认识的地方去，每天打游戏、玩手机，好像过的是阴沟里的生活。我 18 岁的时候几千块钱一个月，三四十岁了也几千块钱一个月，而我的同学他们都有美好的前程。你以为我想过那样的生活吗？”

期中考试取得了不错的成绩，她的价值感进一步提升了，虽然习惯性抱怨不想上学，但此后比较少请假了。第二学期开学后不久，她主动提出来晚上不吃宵夜了，慢慢瘦了下来。她在学校交到了越来越多的朋友，脸上的笑容也越来越多。生活似乎渐渐步入了正轨，我每天送她到校门口，心里充满了感恩。我想起她幼儿园加小学读了十年，我接送她的次数不足十次。感谢老天爷给了这个机会，让我可以补上这一课。

我们的已经告一个段落，生活没有终点，明天不知道又会发生什么。孩子能侥幸复学至今，**主要是她自己内在的力量，就像一颗种子，自然会发芽，向阳而生。未来她可能会碰到很多困难，作为高敏感的孩子，情绪问题可能会一直困扰着她。不管碰到什么，我会一直陪着她，走过了这一段路，我好像获得了重生，长出一个完整的自己，什么都不怕了。**

此时我对孩子的期待降低到：第一，活着；第二，开心地活着；第三，能够自食其力、开心地活着。我计划用十年的时间，把孩子重新养育一遍，最终通向第三个目标。

给孩子需要的陪伴

文 / 顺子

一、惊变和历程

2018 年孩子病了，从写不完作业到逐渐起不了床，就算把孩子给抱起来，她也会像泥一样瘫软似的又倒在床上。这个时候，我们家长真的很无奈，不知道怎么办。只能任由孩子独自在家，自己强打精神去上班。我对关系比较好的同事讲了之后，同事推荐了一位心理咨询师，好不容易约到了心理咨询师，一小时要 1500 块钱，结果咨询师说，孩子包裹得太深，什么也不肯说，咨询师说这样子咨询没有任何效果，不建议继续做咨询。那时候，我根本不懂心理疾病，陷入深深的迷茫，不知道该怎么往下走。在那个混乱的日子里，一家人愁云惨雾的。

庆幸的是，自己和爱人一起讨论之后，决定让孩子好好休息，不再逼孩子上学，并和孩子说，只要她是快乐的，父母不求别的了。就这样，孩子每天把自己关在房间里，拉上窗帘，整个昼夜都是黑暗的。看着孩子这样真的很心痛。后来我的同学介绍了一位心理医生，医生建议先定期地进行咨询。心理咨询坚持做了几个月，每次孩子都是不情不愿的，非常紧张，但还是坚持下来。随着家庭氛围的变化，孩子的状态也有所好转，到了寒假结束，孩子自己愿意去学校，但是开学坚持了一段时间后，每次到了学校门口还是不敢下车，很痛苦，不得已又回到家里。后来听医生朋友说加一点药吧，这是孩子第一次用药，也是我第一次知道，情绪不好可以通过吃药来缓解。孩子吃了一段时间舍曲林，状态明显见好，愿意出门去逛一些人比较多的地方。家里讨论还是给孩子办个休学，让孩子安心休息。

到了 9 月，孩子复学了，刚开始表现出很快乐，谁知道一个月后，本来快快乐乐上学的孩子又坚持不下去了，回到了家里。晚上孩子抱着我哭得昏天黑地的，家里又回到了一种低落的状态。在这个无奈的时候，一位同学说自己堂姐的孩子也遇到同样的问题，把堂姐介绍过来，而这个堂姐唯一的帮助就是介绍渡过平台给我，自己从此和渡过结缘。初识渡过恰巧赶上成都营活动，火速地报名带着孩子去了成都。在成都营突然发现自己并不孤独，同时学到了很多以前闻所未闻的知识。此后几年，经过不断学习、不断磨合，如今孩子的状态终于稳定下来。

二、孩子的自我疗愈和家长的成长之路

2020 年之后，孩子的状况比较稳定，自己踏上了寻求疗愈之路。她独自在深圳的一个机构生活了几个月，后来几次去绿汀小屋参加活动，其间和妈妈一起回老家居住，不断尝试着各种生活方式。画画是孩子的最爱，生病后我们给孩子报了素描班，后来

应孩子要求报了线上的板绘课程。孩子一直把绘画当作最大的精神寄托，也在绘画中寻找自己的价值感。在 18 岁成年的当天，孩子自己办了自己的银行卡，开始在网上接单给别人画画，自己有了一些收入。几年下来，家庭不断面对各种问题，孩子的情况也时常会有反复，**在这个过程中，家长学会的最重要的事，就是允许和尊重，允许孩子做自己喜欢的事，尊重孩子做的选择。**

同时，在这个阶段里，我一直在渡过群里跟大家学习交流，自学的同时也尽自己的微薄之力帮助别人。在 2021 年，经二月花老师推荐，我成了渡过的群主，之后参加了陪伴者课程以及心理咨询师课程的学习，在这过程中不断发现自己认知和行为方面的一些问题，开始修正自己的一些方法、思路。我和孩子的关系也越来越融洽。孩子开始不断地倾诉自己小时候受到的一些伤害，表达自己当时难受的感受。从刚开始的一些不理解到慢慢地感同身受，我和孩子一起慢慢疗愈她内心小时候的那个受伤的小人。这个过程中难免还有很多不足，但是孩子越来越打开自己。如今，孩子无论遇到什么问题，只要觉得难受都会对爸爸表达。

虽然孩子还在疗愈的路上，不确定未来孩子走到哪里，今后的人生如何过，但我不再有恐惧，相信孩子会找到自己的路。**作为父母，我不再期待孩子按我设计的路走下去，也不再给孩子设计未来，而是相信孩子自己会找到自己的路，自己走向自己光明的未来。**孩子未必成为精英，但相信她未来会成为一个内心自洽、善良，具有独立人格的人，能过好自己的一生而不需要爸爸妈妈的扶持。

三、关于用药的心得

孩子最初对于做心理咨询比较抵触，效果并不好，后来医生朋友决定给孩子吃舍曲林，这种药效果比较好，孩子很快就变得开朗起来，愿意出门。药吃了半年左右，效果维持在一定的阶段之后，就没有再改善了。后来恰逢朋友出国，听大家说北京的医生比较厉害，于是我决定找北京的医生，因为疫情只能电话问诊，医生通过家长的描述，断定孩子在很小的时候发病肯定是双相，就给换了双相用药。这个阶段是用药最乱的时候，先后尝试了利培酮、帕利哌酮、鲁拉西酮以及碳酸锂等药。孩子吃了这些药后，状态很不真实，情绪一直不是很好。一直到孩子自己去了深圳，终于把所有药都断掉了。

后来孩子回到家之后有一段时间状态不是很好，我们决定找本地青少科专家看诊，青少科主任根据孩子社交焦虑为主的状态，给孩子开了氟伏沙明和小剂量的阿立哌唑。用药一段时间后，孩子去了外地，努力通过心理方式调整，让自己对药物的依赖性不强，停掉了药物。在这段时间，孩子的情绪一直尚可。到了 2023 年，孩子有一些躯体症状，觉得很不舒服，她自己主动提出就医，医生建议小剂量使用文拉法辛，这缓解了孩子的躯体不适。后来孩子很在意自己的睡眠问题，所以又加了一些佐匹克隆和右佐匹克隆。

目前，孩子用药不需要家长提醒，虽然偶尔会忘一次，但基本自己按时服用。偶尔出现焦虑状态，就自己加一片劳拉西泮。难受的时候，甚至自己去最不喜欢的医院。现在的药物主要是起到缓解躯体不适和调整睡眠的作用，对于心理的问题，孩子都会找父母、陪伴者或者和咨询师讨论解决。

关于用药的心得：**一是孩子用药的依从性很不好，只有她自己认识到药物的作用，才能较好地维持药物服用。如果孩子的症状比较典型，尤其是双相，还是需要家长监督用药。二是用药需对症，具体诊断结论可能通过经常持续治疗后才能确定。**我家孩子直到现在，医生也只认为是抑郁、焦虑状态，并没有给出明确的结论。而“青少年发病就是双相”的提法，一般是基于孩子确诊精神障碍之后，而往往大量的孩子处于一种恶劣心境中，通过心理的手段和家庭的改变能有很大改善，这个时候的用药往往只是一种辅助。家长要学会区分，不要把自己搞得很焦虑。

四、关于心理咨询

生病之初，孩子做心理咨询是被逼的。孩子每次和心理咨询师谈得并不多，心理咨询基本没有效果，因为她和咨询师并没有真正建立咨询关系。每次咨询孩子都很紧张，就像被迫上学、被迫做作业一样，很难受，因而起不到任何作用。到了 2023 年，孩子开始自己主动提出要做心理咨询，这个时候效果比较好，可以和咨询师进行平等交流，只是孩子由于性格原因，并不愿意把自己最受伤的一部分拿出来和咨询师分享。经过孩子不断尝试，将咨询关系定为了绿汀小屋的陪伴者。孩子虽然还保留了一些自己认为不能说的最深处的问题，但大多数情绪都会随时找咨询师处理掉。每次咨询都是孩子随时根据自己需要联系咨询师，不需要家长的安排。这种咨询关系短期内可以缓解孩子出现的不良情绪，让孩子慢慢地学会了处理自己的情绪。长期下来也会随着孩子的逐步打开，帮助孩子处理更深的伤痛，建立新的认知。

我的心得，一是心理咨询一定要建立在孩子自愿的基础上，否则无论多好的咨询师也没法在没有建立好的咨询关系的情况下帮助来访者。二是**家庭的陪伴才是孩子疗愈的基础，家长潜移默化的影响，包括日常和孩子的聊天以及父母之间的聊天，都可以传达给孩子一种信息，影响到孩子的认知改变。**指望把孩子交给咨询师就能解决孩子所有问题的想法，我认为是不切实际的。

五、关于疗愈的方法和途径

个人的感觉，疗愈孩子，家庭是基础，建立在良好的亲子关系之上。**因为家是孩子待得最多的环境，也是孩子可以退到最后的地方。家庭的安稳，让孩子能够安心地得到休息，补充能量。孩子只有充满能量，才能思考人生，才有动力去探索自己的人生。**

家长也许可以不懂心理学，也可以不懂药物，**但是家长一定要做到一点，就是不再刺激孩子，给孩子一个安稳的环境。**学习一些方法是必要的，但方法是死的，别人有效，对自家未必适用。家长在现实中要学会从根本做起，即一切围绕亲子关系的改善，各种方法的使用最终要看是否利于亲子关系的改善。只有良好的亲子关系，才能让孩子愿意跟家长沟通，听得进去家长的话。

改善亲子关系，家长首先要安稳下来，放下自己的期待，放下自己的焦虑，用长远的眼光对待孩子。家庭的气氛如果是融洽的、是轻松的、是充满爱的，那么孩子绝对不会出太大的问题，而且他们会有能力去修复自己的问题。

作为父母，我不再期待孩子按我设计的路走下去，也不再给孩子设计未来，而是相信孩子自己会找到自己的路，自己走向自己光明的未来。

经历风雨，终见彩虹

文 / 梦想彩虹

我们都是第一次以这样的身份相遇，希望我们的孩子都能平安、开心、健康。

一、接受现实

“妈妈，我觉得最近很崩溃，想去医院看看。”“你觉得你是精神病，对吗？我们觉得你很正常。”这是我女儿 2018 年首次向我提出去检查的场景。说实话，我很不乐意，毕竟有几个父母希望自己的孩子去精神病院呢？又有多少父母愿意承认孩子有精神心理方面的疾病呢？看她又哭又闹，我只能极不情愿地去挂号。

检查结果出来的那一刻我是不信的，孩子明明只是青春期叛逆，怎么可能是精神病？瞬间震惊，错愕，难以置信，甚至还有愤怒交织在一起，难以形容。现在想来，这是客观事实，当时的难以接受不过是无知和固执。不知道闺女当时是什么心情，但我彻夜难眠，迷茫不知所措。

在她休学的这段日子里，不是昼夜颠倒，就是醉醺醺地回家，看着她胳膊上时不时新增的伤疤，我觉得她可能真的病了。有一天闺女吃安眠药想要轻生，我好害怕，这可是自己亲手养这么大的孩子，想着她走了，我可怎么办？那天晚上，我第一次意识到孩子真的病了，她很痛苦，甚至后悔生下她让她这么痛苦，同时我也不想失去她，我心疼她……

万幸闺女并无大碍，那天之后我开始搜索关于双相情感障碍的资料，看书学习，**即便不能够带她彻底走出阴影，最起码也想给她力所能及的帮助。事实就是事实，必须接受，不能故步自封，她是我的孩子，无论什么样子我都要陪伴她、支持她。**

二、意料之外的惊喜

三年前的一天，闺女突然和我说想要复学。我怕她是躁狂期到了三分钟热度，一直打马虎眼糊弄过去，直到她第三次提出复学，我才意识到她是认真的。我知道复学的道路很难，能走下来的人少之又少，但在她病情相对稳定的前提下复学也算是一个不错的选择，那就着手开办吧。

以前我对她的学习成绩要求很高，尽管付出了很大的精力和物质的教育成本，出发点也是好的，但终归是有一些揠苗助长。我是一个完美主义者，想要一切都按照自己的想法一丝不苟地完成，包括孩子的成绩。但世界上本来就没有完美的事情，我曾经的这个想法是偏执的，曾经的错误就不要再犯了。所以复学后我对她没有要求，只在她需要的时候提供帮助罢了。孩子也很争气，学习的事情基本没有让我操心。但看到她因为休学好久跟不上而崩溃，我终究是心疼，告诉她实在不行可以转学去职高，什么样子我们都接受，只要她开心快乐就好。闺女的完美主义可能是随了我，她要强，每次都抹干眼泪继续埋头苦学。我想说："闺女啊，不管怎么样，不要让自己太煎熬，我们现在只希望你开心快乐就好。你想做的事情去做，我们会永远支持你。"

今年的 6 月 7 日下起大暴雨，送她进高考考点的那一刻，从她上幼儿园开始的画面不停地在我脑海里回闪，我感觉时间过得好快。这一路走来坎坷不断，颠沛流离，但我们都坚持下来了，孩子你很棒，是我们的骄傲。这一路的陪伴是我们的相互成长，是你给我的惊喜和礼物。

三、我们做朋友吧

曾经我总是会催她去做一些她不想做的事情，比如早点起床、收拾屋子、吃饭、学习……几乎每次催，我们都会爆发或大或小的争吵，最终搞得适得其反。

那次因为我催她交手机，她可能是因为春天病情不稳定，再加上学习压力大，我们的关系也比较僵，一气之下闺女离开北京，自己去了杭州。其间我很担心她，但出于赌气和面子没有主动问过她怎么样。直到她说要回来的日子，她那边出现了突发情况回不来了，这下我真的慌了。我连夜联系她那边的警察，抓紧买第二天早上的机票，又在夜里找可以加急做核酸的地方，想去机场接她。在做这些事情的时候，说实话，我没有想过她会怎么做，或许是出于母亲的自私，当时我满脑子只有她平平安安回到我身边就好，回来之后我们也不要吵架了，好好聊一聊，因为闺女对我来说真的很重要。又是一个万幸，闺女没有受到任何伤害，平安归来，但她的状态依旧不太稳定。于是我也开始自我反省，自己那么在乎她，付出这么多，为什么她依旧会这样呢？

突然想到几年前心理医生对我们说的话“每个家庭都不缺少爱，只是不明白如何去表达”，那爱是什么呢？真的是自私到需要她什么都按照我的想法来吗？只有她一举一动都在我眼皮子底下、掌控之中才是爱吗？不是的，爱是尊重、支持和包容。于是我和闺女说“想要和你做朋友”，闺女明显愣住了，也不知道她的脑袋里想的是什么，惊讶还是觉得我图谋不轨？不得而知，但闺女最终同意和我做朋友，正是因为在我和她有了朋友的这种身份下所产生的独立空间和距离，我们的关系一步步变得更加融洽。

四、想对你说

孩子，妈妈想对你说的其实很多，但是妈妈最近很忙，文笔也不好，估计倾尽毕生所学也只能写出这样的文字了，希望你不要觉得枯燥无趣。从知道怀你的那一天，我感觉自己是世界上最幸福的人，因为我的宝宝要来到世界上了，希望她可以获得所有最美好的事物，同时我也增加了太多美好但“压力山大”的期望给你，这些期望其实应该是我对自己的要求，却错误地强加在你身上，从而导致我们关系曾经破裂。

你是个懂事的孩子，一直在尽力少让我们操心，但人们是需要互相扶持的，我们是你永远的依靠和后盾。**不仅是我们第一次以母女的身份相遇，也是爸爸和你第一次以父女的身份相处，大家都有做得不好的地方，碰到问题我们一起解决、互相依偎。**我们不要求你获得什么世俗的成就，只希望你活出自己的样子，活出想要的人生，我们当朋友、做亲人，永远支持你。能陪伴你的路我们竭尽所能，不能陪伴的路途，我们会化作人间的风雨继续伴随你走下去。

五、高考

临近高考不到一个月，家里救助收养的宠物狗“香蕉”因中暑离世了。在自己伤心痛苦的同时，我担心女儿会因为接受不了“香蕉”的离世，出现抑郁、焦虑加重的情况（临近高考的状态原本就不是很好），而不参加高考。但是让我没想到的是，她竟然反过来安慰我，这让我觉得她长大了。

6 月 4 日我回到北京，还没到家就听说孩子把身份证丢了，我到家没多会儿就见她就回来了，告诉我去派出所补办了身份证，因为她是高考生，派出所给她加急办理了，明天就可以取。

我当时一下子就觉得她真的长大了，吾家有女初长成！

7 月她知道录取结果的那天，第一时间给我打了视频电话（我在出差中），隔着屏幕我都能感受到她那种无法言喻的喜悦。在那一瞬间，这些年经历的磕磕绊绊，让我们觉得都是值得的。

闺女我们爱你，莫怕前路，勇敢前行。

那爱是什么呢？真的是自私到需要她什么都按照我的想法来吗？只有她一举一动都在我眼皮子底下、掌控之中才是爱吗？不是的，爱是尊重、支持和包容。

[专家点评]

家庭是疗愈场，希望始于父母

文 / 郑玫

郑玫，渡过心理咨询师，国家二级心理咨询师，家庭治疗师，B 级沙盘师。2014 年至今专职做咨询和督导，自体派精神分析和荣格心理分析取向。擅长青少年和成人涉及人格发展和创伤的深度心理修复。

青春期往往充满着动荡和不确定性，学业和成长的压力像暗流一样涌动，裹挟着我们的家庭和孩子们步履维艰。还好，从这本书里可以看到不少我们渡过社群的家长们，正通过不断地学习、成长和反思，积极地改变和寻求出路。有的家长在调整着和孩子的互动模式，有的家长在调整着对孩子的理解和期待。他们的爱从放手开始，从情感陪伴开始，从尊重孩子们开始……原来卡住孩子们成长的关系变成了推动孩子们发展的力量。这些家庭里的孩子们也在一点点地发生变化，慢慢在爸爸妈妈的陪伴下开始走出泥泞的青春期。这一切让我们看到了希望——**家庭，其实是可以成为孩子们最大的疗愈场的。**

大家可能会发现，青春期往往是情绪障碍的高发期，让之前幼儿园、小学阶段就有的问题变得更加凸显。在我看来，孩子们的情绪障碍只是外在的表现而已，实际上反映了一个孩子人格发展的不足：有的是发展中断，有的是发展停滞，甚至有的是发展超前（过早地成熟）。

如果拿一棵树来比喻孩子的人格发展的话，正值青春期发展的孩子就像一棵生机勃勃的树，枝繁叶茂，根植于自己的土壤，他开始思考自己未来职业上的发展和情感上的需求。而发展不足的孩子有的像一棵很大的树，看起来长势不错，中间却是空的（空虚，无意义感），长着长着就干枯了；或者像一棵荆棘密布的树，枝头无法长满绿叶（内外冲突多，情绪两极化，内耗多）；或者像一棵糊满水泥的树（防御多，被保护过多，没有真实的自我体验）；或者是一棵根没有扎在自己土壤里的树（重心不在自身，被关系、外部规则、外部评价所引领）；等等。

一个孩子的心理发展是受生物、社会、心理等因素的影响。近几十年来，我们的孩子们被家庭、社会过早地推动到所谓的“智力”“认知”“思维”“技能”的训练上，而缺乏自发的游戏时间和伙伴，缺少自主的空间和自由度，缺少独立思辨能力的培养，缺失情感互动和陪伴，等等。出现问题的孩子很多是“乖孩子”“听话的孩子”和“优秀的孩子”。这么高发的抑郁和双相情感障碍的比例不得不让我们反思，不仅仅是家庭关系出了问题，学校和社会的教育观和成才观也出了一定的问题。

其实，真正的生命力是一个孩子从独立开始迸发出的。他可以大胆地尝试和创造；他可以在某些时刻顽皮地做些逾规的事情；他可以有自己独特的思考；他可以做某些决定，但不用担心父母和老师不爱自己；他有情绪的时候可以自然地释放出来……

而我们的孩子们过早地被“教化”和“塑造”，一次次地压抑自己的情绪；习惯性地把自己的需求放在最后；过多的检讨和自我批评……“一定”“必须”让他们过早地戴上社会化的面具生活，尽管看起来办事、行动很成熟，心灵内部常常还停留在一个“婴儿”的状态。就像沙盘游戏治疗大师茹思·安曼所说的：**“很多家长不懂，你的孩子可能是一株向日葵，家长却努力给他披上玫瑰的外壳。但是向日葵始终要做自己，当他摆脱了玫瑰的面具时，代价是他自己作为向日葵的人格的萎缩。”**

我在一次次和孩子的深入咨询中，很痛心地看到和听到孩子们会用“垃圾桶”“老鼠”“笼子里的鸟”“被困的野兽”“十字架上的耶稣”“密闭空间的小人”“行走在暗无天日的下水道”“在沙漠里孤独的一个人”“茫茫大海的一只小舟”“每天上刑般地在琴凳上弹琴”等来描述和表达他们自己以及童年的状态。在他们的梦里充满了恐慌，充满了怪异，充满了孤独，充满了迷茫。那么多的感受没有机会被倾听，那么多的想象没有机会被表达，大量的负面情绪被压抑到无意识里成为阴影，不断地发酵，不断地扭曲和变形，终于有一天，身体无法承载这些负面能量而停滞下来，孩子们不得不退回到家庭里来休养生息。

其实，我们每个人的身体先天就有处理情绪的本能，例如哭泣、奔跑、抖动、呐喊等。后天我们在关系中获得的共情、安慰、陪伴，也可以快速地帮助一个人消解情绪。随着长大，一个孩子慢慢地把这些能力内化到他自己的内部空间，就可以自己找到办法转化这些情绪中的能量。但如果当社会化的“超我”过于强大的时候，孩子们会习惯性地强行关闭这些通道，情绪要么被压制，要么会爆发，甚至会在这两极中跳跃，心理失去了自动平衡的能力。

一个孩子的心理发展其实是有规律可循的。最初就是从家庭关系中开始的，他先是和妈妈融合在一起的一元关系，慢慢和妈妈分开的两元关系，再是和爸爸妈妈的三元关系，之后发展顺利的话，自然会把重心放到外部的关系和成长上。一个孩子在婴幼儿时期会有很多幻想和情绪，幻想中会有光明的，也有阴暗的；有关于希望的，也有关于死亡的；有关于善的，也有关于恶的……情绪最初开始也是失控的、激越的、混乱的，当妈妈能够像容器一样承载和涵融这些情绪并且有一定边界感的时候，这些能量就会慢慢地释放和转化；这时候如果父亲的影响又能慢慢进入到孩子的心灵里，孩子就会变得有力量、有支持和有节制，开始发展他理性的觉察及思考的能力。当有了妈妈的涵容和爸爸的支持之后，一个孩子开始一步步接触现实生活，在现实中不断修正和调整发展“自我”的功能，然后慢慢就会具备现实适应的能力。

这就是一个孩子自然发展的心理模型。当我们发现自己的孩子情绪过多、思虑过多或过于敏感的时候，其实从心理层面讲，孩子其实仍处于一个在“母亲情结”或者“父亲情结”里没有分离的状态。**分离，不是指物理空间的隔离和情感方面的断裂，而是父母开始主动地逐渐撤出孩子的心理空间，主动放弃对孩子的权力控制的一个过程：**成全和允许孩子犯错、尝试；允许他们不认同自己，有自己的主张；允许他们走与众不同的路；允许他们“成为自己”……分离是一个孩子成长中的重要议题，一次次分离意味着他们一次次战胜恐惧，开始独立和长大。父亲，这时候往往是分离的一个助推器。就像书中麒麟爸爸意识到的："我只是按需做好助理的工作。正是这一次次的放手和陪伴，一是让女儿充分感受到了信任和尊重，二是让女儿知道爸爸是她背后坚实的后盾。"我们从中可以看到，当爸爸回到支持平等的位置上时，孩子的力量感会升起，自然会勇敢地面对自己的困难。

回想我们六七十年代的孩子，从小就和伙伴、同学们一起玩耍和长大，自然地就从家庭当中分离出来，自然地能够融入集体中去学习和生活。而现在的社会背景下，孩子们的成长环境相对封闭，好的成长更依赖于好的家庭关系和家庭教育。而我们渡过的社群、咨询、诊所，线下线上营等全方位的架构补足了社会的支持系统，让孩子们和家长们都有了归属感，看到了疗愈的方向。我们欣喜地看到越来越多的家长通过学习之后，回到家庭，亲子关系、夫妻关系都得到了明显改善。如同书中：

顺子妈妈所说的，"首先家长先安稳下来""让孩子安心地得到了休息，补充能量""允许孩子做自己喜欢的事，尊重孩子的选择"。

梦想彩虹妈妈所意识到的，"爱是尊重、支持和包容""和女儿做朋友""开始让她有自己的独立空间和距离，母女关系更加融洽"。

小寒妈妈的八字原则"有求必应，不求不扰"；"保持距离"，给女儿"时间和空间去完成自我整理、自我疗愈"。

阿莲妈妈谈到的"母爱的本能被激活了""开始陪伴孩子""无条件地接纳""先处理情绪再解决问题"；和孩子的

爸爸从“对抗”到“寻求合作”，让爸爸和孩子“恢复亲密的状态”，一起“帮助孩子获得价值感，重新找到生命力量的源泉”；就像她所说的，女儿“她自己内在的力量，就像一颗种子，自然会发芽，向阳而生”。

这些都是多么好的领悟啊！当爸爸妈妈能够信任孩子，相信和看见自己的孩子也具备发展的内核和动力的时候，当他们不断调整和改变自己在家庭中应有的位置和作用，慢慢撤离，把舞台交还给孩子的时候，疗愈自然就会发生，这如同鲜花到季节自然会盛开，大树到年头自然会繁茂，我们只是顺应了自然而已。

希望更多的家庭成为疗愈场，也希望更多的爸爸妈妈开启疗愈之路。